AF567653

ACRYL

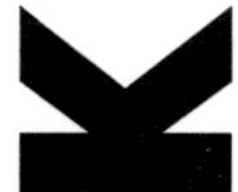

Laurence King Verlag GmbH
Jablonskistraße 27, 10405 Berlin
www.laurencekingverlag.de

Erstmals erschienen bei Laurence King Publishing in Großbritannien 2020

Laurence King Publishing ist ein Imprint von
The Orion Publishing Group Ltd
Carmelite House, 50 Victoria Embankment
London EC4Y 0DZ

Ein Unternehmen von Hachette UK

Redaktion: Zara Larcombe
Lektorat: Katherine Pitt
Gestaltung: Mariana Samiero
Vektorgrafiken: Akio Morishima

Für die deutsche Ausgabe
Übersetzung: Ulrich Korn, Dortmund
Lektorat: Thomas Hauffe, Dortmund
Satz: Igor Divis, Dortmund
Projektleitung: hauffe publishing, Dortmund

ISBN: 978-3-96244-111-1

2. Auflage 2023
Gedruckt in China

www.laurenceking.com
www.orionbooks.co.uk

Umschlagabbildung vorne: Marisa Añon, Abstract Plants, Acryl auf Papier, 2019

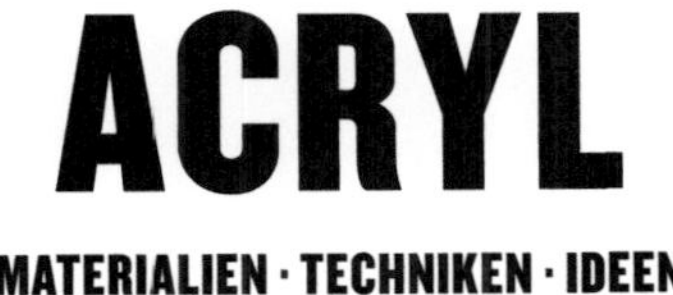

ACRYL

MATERIALIEN · TECHNIKEN · IDEEN

Rita Isaac

Aus dem Englischen von Ulrich Korn

Laurence King Verlag

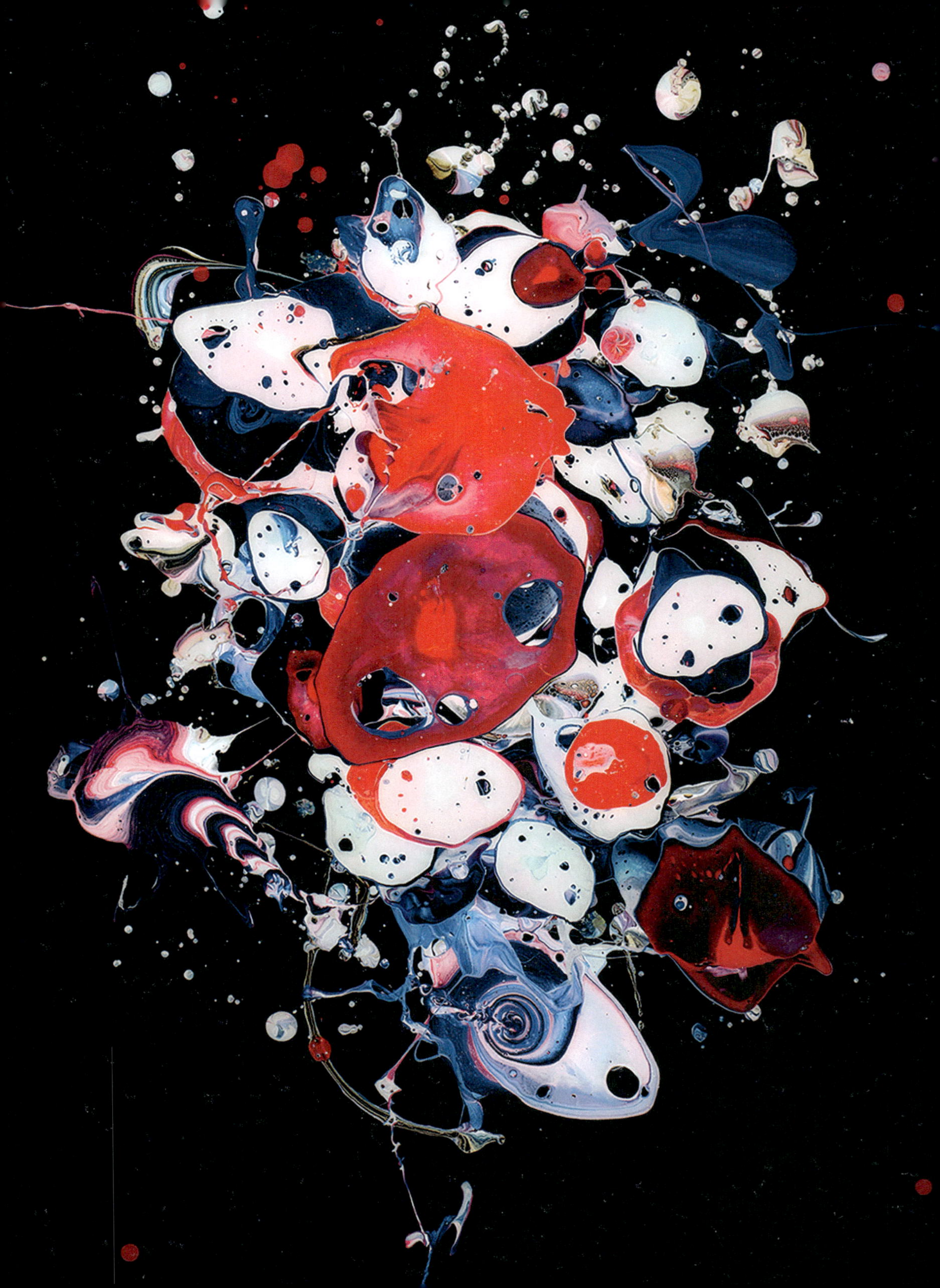

INHALT

Gegenüber: Arthur Brouthers, *Heighten*, Acryl und Kunstharz auf Holz, 2016

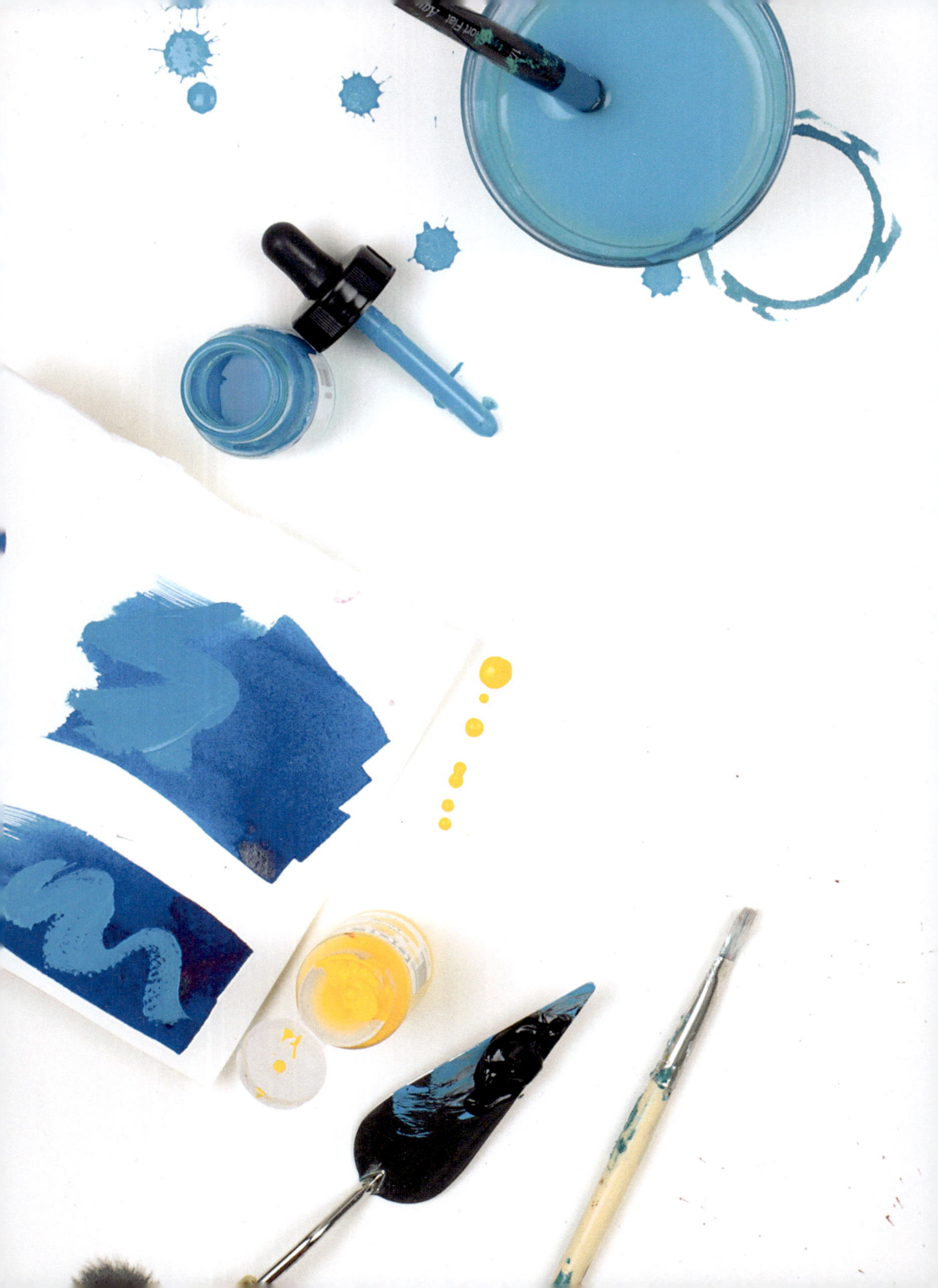

EINFÜHRUNG IN DIE ACRYLMALEREI

Im Vergleich zu traditionelleren Mitteln wie Aquarell- oder Ölfarben stellt Acryl die jüngste Entwicklung in der Welt der Farben dar. Acrylfarbe war ursprünglich für den industriellen Gebrauch bestimmt und wurde bis in die 1950er Jahre nicht für künstlerische Zwecke verkauft. Doch dank seiner hellen, satten Farben und seiner Vielseitigkeit machte Acryl die verlorene Zeit schnell wett und wurde durch Künstler wie Andy Warhol, Roy Lichtenstein und David Hockney populär.

Diese Popularität ist nicht überraschend. Acrylfarbe ist in vielen Formen erhältlich und kann einerseits in buttrigen Schichten bzw. pastos aufgetragen werden, und erinnert dann eher an Ölmalerei. Andererseits lässt sie sich auch verdünnen, um die ästhetisch reizvollen Lavierungen der Aquarellmalerei nachzuahmen. Acrylfarbe kann ausgegossen, geschoben, gezogen und gespritzt werden, ganz gleich, auf welchem Material: Die künstlerische Palette reicht von Leinwand und Stoff bis hin zu Metall und Holz, und sogar Mauerwände können damit bemalt werden. Darüber hinaus ist Acrylfarbe sehr benutzerfreundlich: Da sie schnell trocknet, können Sie auch schneller weitere Schichten auftragen und dynamisch an Ihrem Kunstwerk weiterarbeiten. Zudem ist Acryl in feuchtem Zustand wasserlöslich, kann also allein mit Wasser verdünnt werden. Nach dem Trocknen ist die Bildoberfläche dann wasserabweisend und lässt sich leicht übermalen, um eventuelle Fehler zu korrigieren.

Darüber hinaus gibt es noch etliche Additive, sogenannte Acrylmedien, die das kreative Potenzial dieser Farbe steigern, wodurch sich beispielsweise die Trocknungszeit verkürzen, die Farbtextur verbessern oder die Farbe sich leichter gießen lässt. Schließlich können Sie mit Hilfe dieser Malmedien auch spielerische Effekte erzielen wie feine Farbrisse (Krakelee).

Acrylfarbe ist ein echtes Powermedium, und dieses Buch ist ein Ratgeber, um das Beste daraus zu machen. Gemeinsam werden wir alles erforschen: von den Grundfertigkeiten bis hin zu den originellsten Gießtechniken. Alles, was Sie dafür brauchen, ist etwas Farbe, ein Pinsel und Aufgeschlossenheit gegenüber dem Neuen.

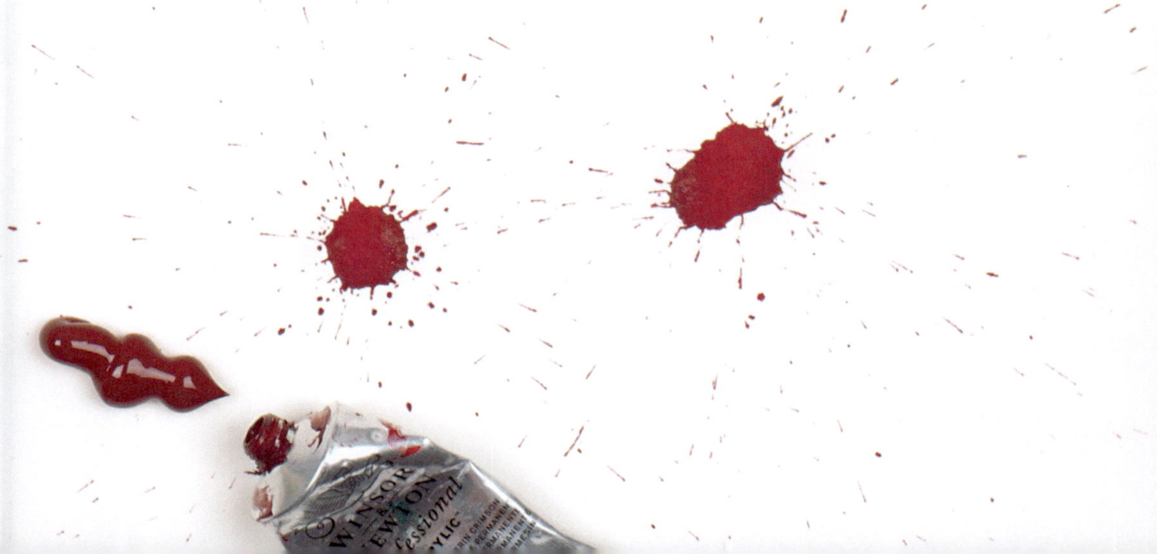

FÜR JEDEN DIE RICHTIGE ACRYLFARBE

Acrylfarben sind in zwei unterschiedlichen Qualitäten erhältlich: für Lernende und Künstler bzw. für „Anfänger" und „Profis". Sie unterscheiden sich zudem im Preis und in den zur Herstellung verwendeten Pigmenten. Die „Hobbyfarben" in Studienqualität (auch als „Studio", „Standard" oder „Akademie" angegeben), die im Allgemeinen von Anfängern benutzt werden, vereinen in der Regel verschiedene Pigmente oder einen Füllstoff, um bestimmte Farbtöne zu erzielen. „Künstlerfarben" hingegen (auch als „Profifarben" bezeichnet) weisen meist eine höhere Konzentration an reinem Pigment auf. Das Mischen zu vieler Pigmente kann zu trüben, matten Farben führen. Um also kräftigere und sattere Farben zu erhalten, sollten Sie sich gleich für ein Farbsortiment entscheiden, das der Qualität der Künstlerfarben entspricht.

Acrylfarben sind wasserlöslich, können daher einfach mit Wasser verdünnt werden, um ihr Fließverhalten und ihre Transparenz (die sog. Lasur) zu erhöhen – einer der größten Vorteile von Acrylfarben. Für eine flüssige Konsistenz und leuchtende Farben eignet sich am besten Acryltinte, liquide Acryl- oder irgendeine Acrylfarbe, die mit einem Fluid-Medium (siehe Seite 12) verdünnt wird.

Acrylfarben gibt es in vielen Formen, die gängigsten sind auf der gegenüberliegenden Seite aufgelistet. Für ein detaillierteres Arbeiten bieten sich auch Acrylic-Marker (siehe Seite 74) an. Zudem gibt es noch Acryl-Sprühfarben (siehe Seite 76), die Sie erwägen sollten, wenn Sie große Flächen bearbeiten oder Ihrem Werk eine „Street Art"-Ästhetik geben wollen.

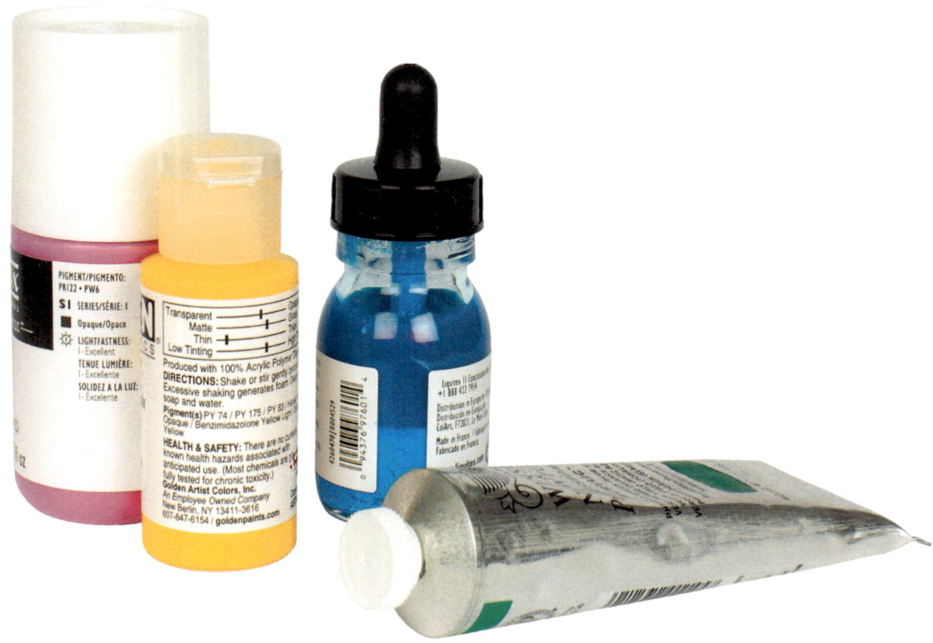

Die wichtigsten Acrylfarben

Acrylfarben unterscheiden sich hinsichtlich ihrer Konsistenz bzw. ihres Festkörperanteils. Generell sind sie alle mischbar und können mit Acrylmedien kombiniert werden. Hier eine Auflistung der gängigsten Zusammensetzungen:

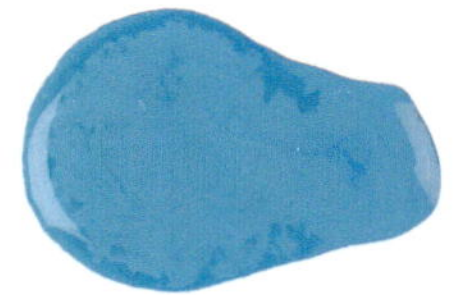

Acryltinte oder -tusche

Auch bekannt als dünnflüssige Acrylfarbe, kann die entsprechende Tinte eine genauso helle Farbigkeit aufweisen wie andere Acrylfarben. Die Tinte hat jedoch eine sehr flüssige Konsistenz, die sich optimal für Aufhellungen und für das sogenannte staining eignet.

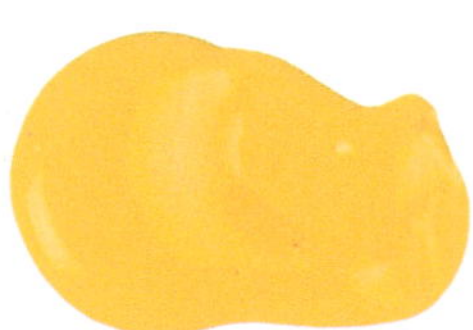

Fluide bzw. liquide Acrylfarbe

Wie der Name schon suggeriert, zeichnet sich liquide Acrylfarbe durch einen hohen Flüssigkeitsgrad aus, ist aber nicht so dünnflüssig wie die Tinte. Fluide Acrylfarbe hat eine starke Pigmentierung und hinterlässt keine Pinselspuren, sondern eine glatte Farbfläche.

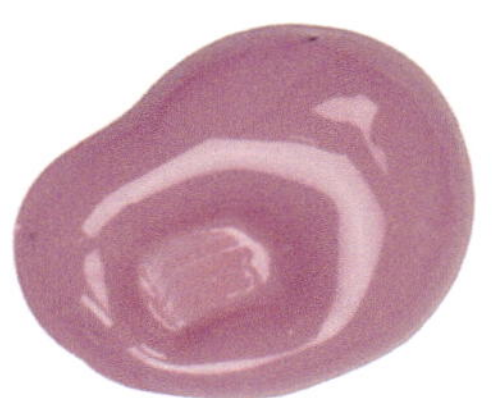

Soft-Body-Farben

Diese Farben haben eine mittlere Konsistenz, und ihre Zusammensetzung wird am häufigsten in Farbsortimenten verwendet, die Studienqualität aufweisen. Sie ist glatt, lässt sich leicht verteilen und mischen und hinterlässt einige Pinselspuren, wenn auch nicht im gleichen Maße wie die dickeren Zusammensetzungen.

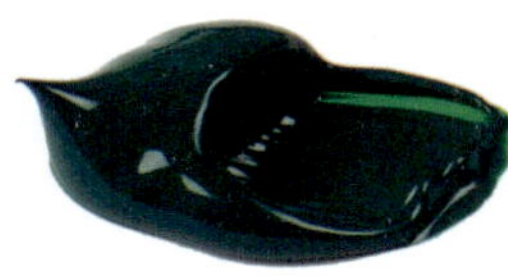

Heavy-Body-Farben

Heavy-Body-Farben haben eine festere Konsistenz, die Pinselstriche und andere Strukturen beim Malen hinterlassen. Sie sind daher eine gute Alternative zu Ölfarben, wenn man sich der Impasto-Technik bedient (siehe Seite 44). Sie können auch ein Malmesser benutzen, um Heavy-Body-Farben zu modellieren oder zu mischen.

EIN (KURZER) LEITFADEN ZU DEN FARBEN

Unabhängig von der Qualität Ihrer Acrylfarbe ist es hilfreich, die Eigenschaften diverser Pigmente zu verstehen, damit Sie diese zu Ihrem Vorteil nutzen können.

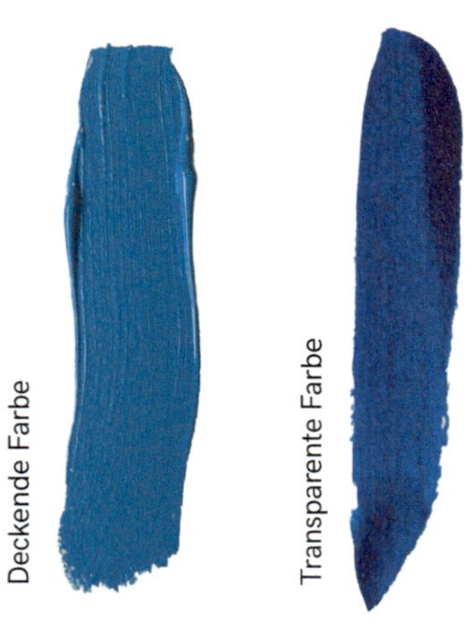

Transparenz

Einige Farben sind grundsätzlich undurchsichtiger als andere, das heißt, sie haben eine stärkere Deckkraft. Wenn Sie farbige, durchscheinende Oberflächen oder Lasuren auftragen möchten - oder neue Farben mischen wollen -, dann verwenden Sie transparente oder halbtransparente Farben. Damit erzielen Sie saubere, helle Resultate. In jedem Farbspektrum gibt es unterschiedliche Deckungsgrade; das sollten Sie berücksichtigen, wenn Sie eine bestimmte Farbe mischen oder sie direkt aus der Tube drücken wollen.

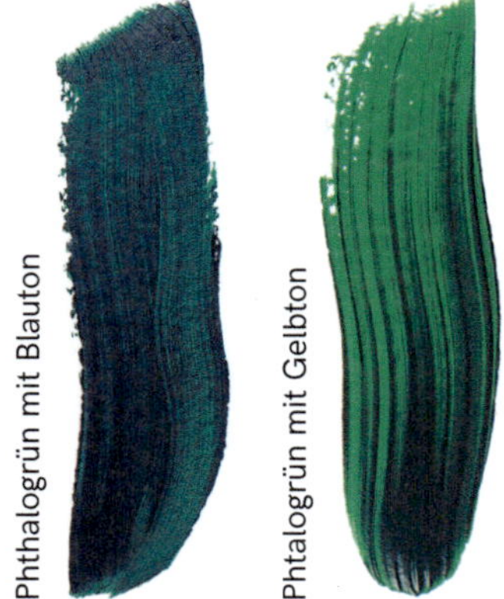

Farbton

Dieser Begriff kann sich auf verschiedene Dinge beziehen. In der Farbenlehre wird „Farbton" häufig zur Beschreibung der reinen Farben des Spektrums - Rot, Blau, Gelb usw. - benutzt. In der Malerei jedoch wird der Begriff „Farbton" verwendet, um bestimmte Farben zu benennen und ihre Farbtemperatur anzugeben. Phthalogrün mit Blauton beispielsweise unterscheidet sich von Phtalogrün mit Gelbton: erstere Farbe ist kälter, letztere wärmer. Das ist ein wichtiger Unterschied beim Lasieren oder beim Mischen von Farben.

Einige Farbenhersteller verwenden den Begriff „Farbton" auch, um anzugeben, dass eine Farbe nicht aus einem einzelnen Pigment, sondern aus mehreren gemischten Pigmenten besteht, um eine bestimmte Farbe zu imitieren. Das ist bei Farbsortimenten in Studienqualität ein gängiges Verfahren.

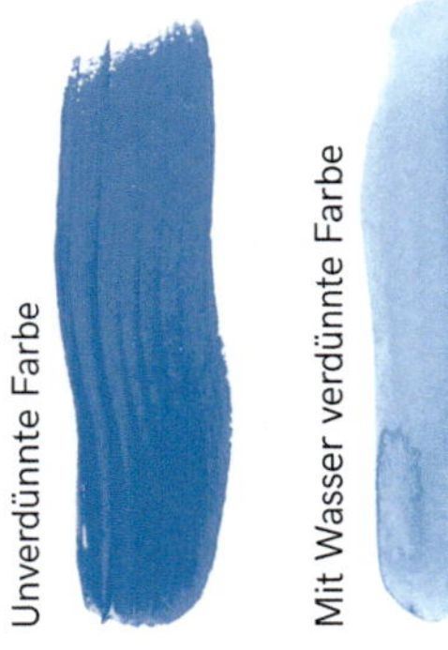

Farbsättigung

Dies beschreibt die Intensität einer Farbe. Farben, die nur aus einem einzelnen Pigment bestehen, weisen gewöhnlich eine stärkere Sättigung auf, die Farbe wirkt rein und kräftig. Achten Sie beim Verdünnen der Farbe darauf, dass sie nicht zu sehr verwässert, denn das beeinträchtigt sowohl die Farbe als auch ihre Beschaffenheit, sodass sie während des Trocknens trübe wird und ausbleicht.

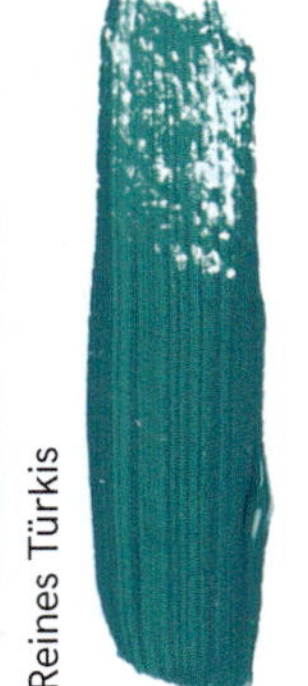

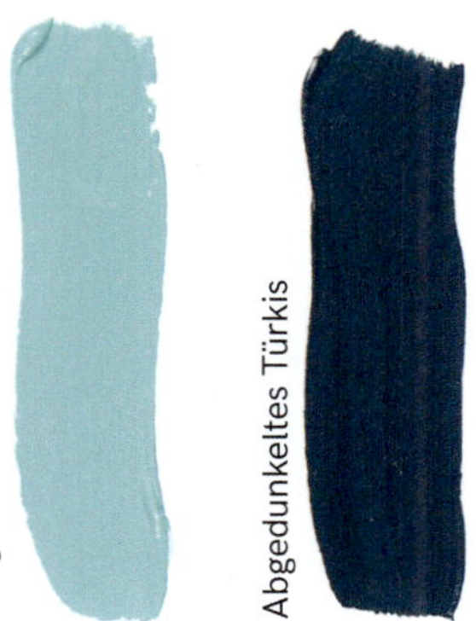

Farbwert

Gibt den Helligkeits- oder Dunkelheitswert einer Farbe an. Jeder Farbton hat seine eigene tonale Eigenschaft. Ein Gelb ist z. B. heller als ein Rot oder ein Blau, auch wenn seine Farbe genauso satt und kräftig ist. Wird von einer Farbe eine hellere Version gemischt, entsteht eine Aufhellung; eine dunklere Farbversion wird als Abdunkelung bezeichnet. Eine Farbe kann aufgehellt werden, indem sie mit einer helleren Farbe oder mit Weiß gemischt wird, während die Beigabe einer dunkleren Farbe oder Schwarz für eine Schattierung oder Abdunkelung sorgt.

DIE ACRYLMEDIEN

Acryl ist eine sehr vielseitige Farbe, mit der sich viele Effekte erzielen lassen. Sie können Ihr künstlerisches Schaffen aber noch weiter vorantreiben, indem Sie Ihre Farben mit Additiven versehen, um Struktur, Gewicht, Glanz, Trocknungszeit und Deckkraft zu optimieren. Weiter unten finden Sie einen Überblick über die am häufigsten verwendeten Produkte, die Ihnen auch später im Buch begegnen. Befolgen Sie gewissenhaft die Anleitungen zu jedem von Ihnen gekauften Artikel, da die Mischungsverhältnisse und die Trocknungszeiten zwischen den einzelnen Marken voneinander abweichen.

Neben diesen geläufigeren Medien gibt es noch viele andere Zusätze, die für starke Struktureffekte sorgen, z. B. Krakelierpaste (siehe Seite 58) und Glasperlen.

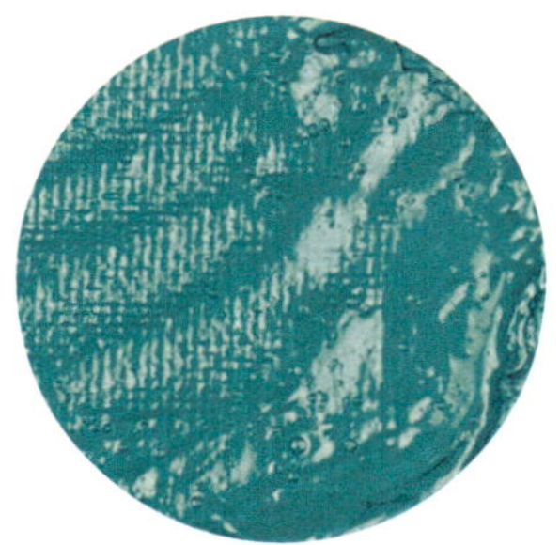

Fluid-Medium

Das Fluid-Medium (oder Fließverbesserer) ist ein Additiv, das dazu dient, die Konsistenz einer Farbe zu verdünnen, damit sie besser fließt. Ein besseres Fließverhalten sorgt für glatte, flache Farbbereiche, ohne dass die Farbsättigung verloren geht.

Glänzendes Medium

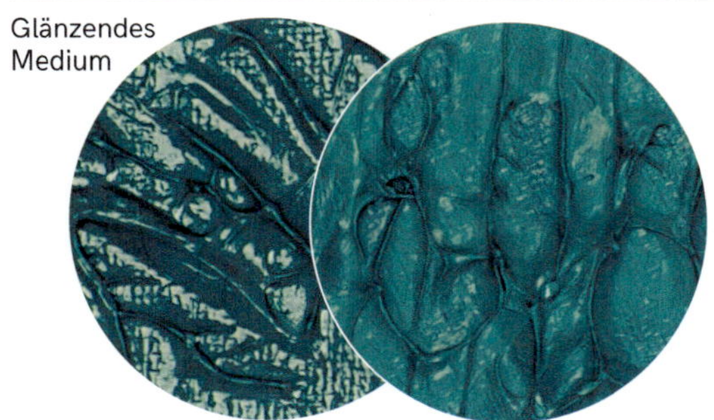

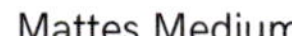

Mattes Medium

Glänzende oder matte Malmedien

Glänzende oder matte Malmedien (auch Mattierungsmittel genannt) verändern den Glanz der Farben; sie können diesen entweder verstärken oder verringern und beeinflussen somit die gesamte Oberflächenbehandlung, das sogenannte Finish. Diese Malhilfen lassen sich als Firnisschicht auf die getrocknete Farbe auftragen oder einer Acrylfarbe beigeben, um ein dünneres, transparenteres Finish zu erreichen.

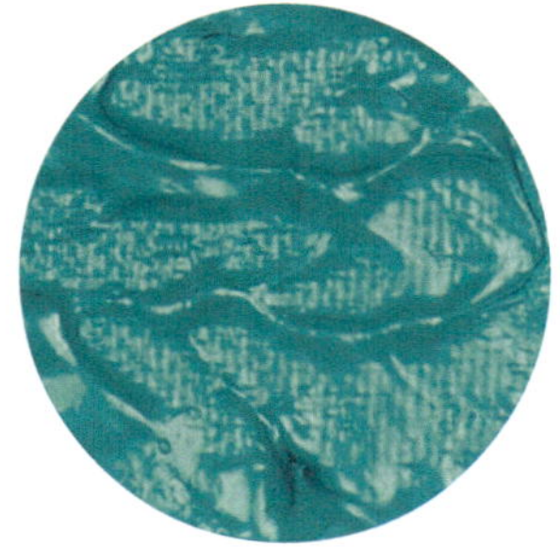

Retarder

Mit diesem Medium verzögern Sie die Trocknungszeit der Acrylfarben, sodass Sie mehr Zeit für die Bearbeitung Ihres Werkes haben. Das ist insbesondere für Nass-in-Nass-Techniken (siehe Seite 37) gut geeignet, mit denen sich weiche Ränder sowie sanfte Übergänge und Vermischungen erzielen lassen.

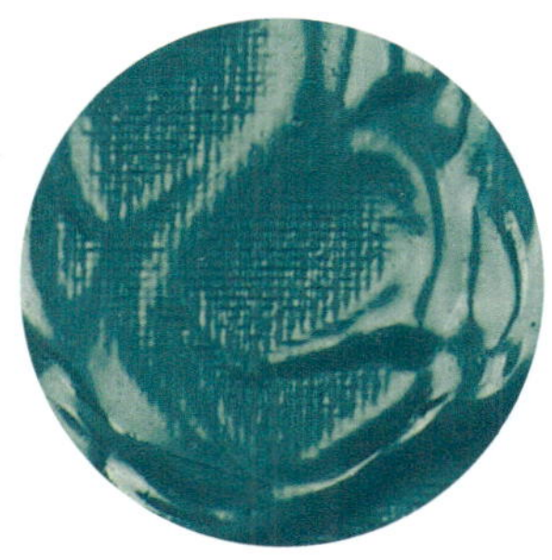

Gießmedium („Pouring Medium")

Sehr beliebt für Gießtechniken, um Bilder der sogenannten Fluid-Art (siehe Seite 103) zu schaffen, verbessert dieser Acrylpolymer die Verlaufseigenschaften einer Farbe, sodass sie von allein verläuft, ohne dabei transparenter zu werden. Gießmedien sorgen für eine glatte, gleichmäßige Oberfläche deckender Farben.

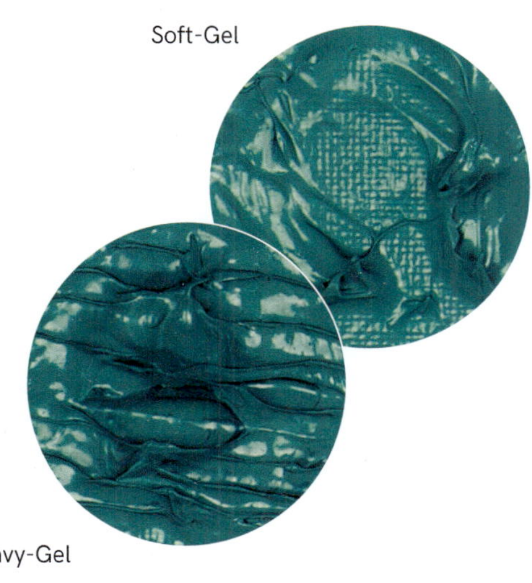

Soft-Gel

Heavy-Gel

Soft-, Regular- und Heavy-Gel

Dickflüssig und gießbar, bieten Gele (je nach Hersteller auch Pasten genannt) die Möglichkeit, Farben zu strecken und ihre Konsistenz zu verändern. Grundsätzlich ist Acrylgel in drei verschiedenen Dichten erhältlich: „soft" (weich), „regular" (normal) und „heavy" (dick). Soft-Gel hinterlässt kleine Erhöhungen und Texturen, während Sie mit Heavy-Gel dicke, dreidimensionale Strukturen kreieren können. Hinsichtlich der Festigkeit befindet sich Regular-Gel in der Mitte zwischen den beiden zuvor genannten.

Diese Gele können auch hinzugefügt werden, um die Farbe nur zu strecken, sodass Sie weniger Farbe verwenden müssen, aber trotzdem deren Sättigung beibehalten.

Die meisten Gele sind in drei verschiedenen Glanzgraden erhältlich (glänzend, matt und seidenmatt), die eine gleichmäßige Oberflächenbehandlung ermöglichen, noch bevor Sie eine Firnisschicht auf Ihre Arbeit auftragen. Medien, die für ein glänzendes Finish sorgen, sind besser für Lasuren geeignet, während Mattierungsmittel die Deckkraft der Farben verstärken.

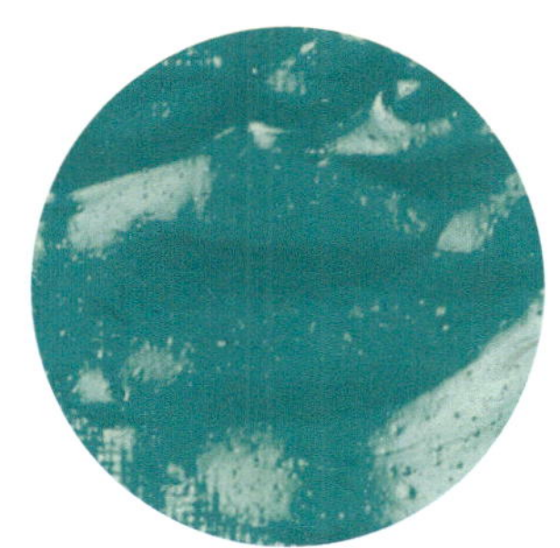

„Clear Tar Gel"

Dieses Gel hat eine dicke, teerartige Konsistenz. Es kann verwendet werden, um die Transparenz und den Glanz eines Bildes zu erhöhen, während es zugleich Pinselspuren und andere Strukturen glättet. (Sollte das Einebnen der Malspuren für Sie künstlerisch relevant sein, versuchen Sie einmal selbstverlaufendes Gel, das noch effektiver ist.) Clear Tar Gel beeinträchtigt in keiner Weise die Farbe und hinterlässt, wenn es getrocknet ist, eine transparente, geschmeidig dünne Schicht. Es kann mit Flüssigfarben für Marmorierungstechniken (siehe Seite 114) gemischt oder als Bindemittel für Collage-Arbeiten verwendet werden.

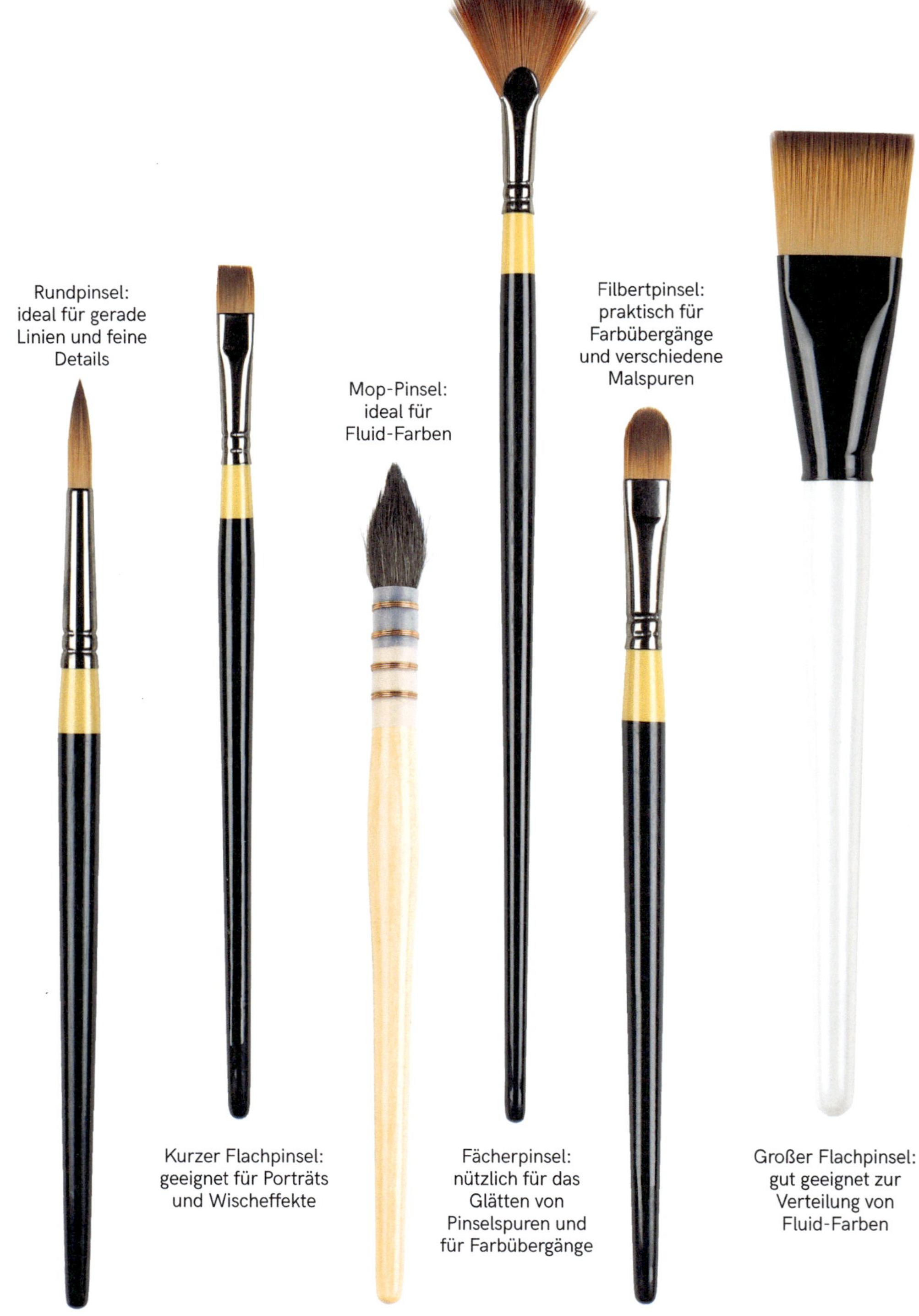
Rundpinsel:
ideal für gerade
Linien und feine
Details
Kurzer Flachpinsel:
geeignet für Porträts
und Wischeffekte
Mop-Pinsel:
ideal für
Fluid-Farben
Fächerpinsel:
nützlich für das
Glätten von
Pinselspuren und
für Farbübergänge
Filbertpinsel:
praktisch für
Farbübergänge
und verschiedene
Malspuren
Großer Flachpinsel:
gut geeignet zur
Verteilung von
Fluid-Farben

WISSENSWERTES ÜBER PINSEL

Wenn Sie mit Acrylfarben arbeiten, können Sie mit dem richtigen Pinsel genau den gewünschten Strich erzeugen, ob flüssig, fett, zart oder präzise. Pinsel mit weichen Naturhaaren, z. B. von Eichhörnchen, Zobeln und Kaninchen, werden normalerweise für Aquarellfarben verwendet. Sie eignen sich auch ideal für Fluid-Acrylfarben, da sie schnell große Mengen an Wasser aufnehmen und länger Farbe nach sich ziehen.

Pinsel aus Schweineborsten sind wesentlich fester und so robust, dass sich mit ihnen auch dicke Farbmassen schieben lassen. Sie sind daher eine gute Wahl, wenn man in Impasto-Technik arbeitet und strukturierte Oberflächen erzeugen möchte.

Synthetikhaar-Pinsel eignen sich oft am besten für Acrylfarben, da sie beständiger und elastischer sind als Naturborsten. Es gibt viele Arten von Pinseln mit synthetischen Haaren: von weichen und flexiblen, mit denen flüssige Farbmassen gezogen werden können und die die Farben gleichmäßig vermischen und glatte Oberflächen hinterlassen, bis hin zu elastischen und steifen Pinseln, mit denen sich zähe Farbmassen schieben und sichtbare Strukturen erzeugen lassen.

Achten Sie bei der Wahl Ihrer Pinsel auch auf die Länge des Stiels. Ein kurzer Stiel eignet sich besser für Details, da hier Genauigkeit gefordert ist, vor allem, wenn Sie nahe vor der Leinwand arbeiten. Lange Stiele hingegen sind die bessere Wahl, wenn Sie größere Bilder schaffen möchten.

Farbwalze

almesser

Weitere nützliche Werkzeuge

Mit Pinseln lassen sich zwar viele unterschiedliche Effekte erzielen, aber um das Beste aus Ihren Acrylfarben herauszuholen, müssen Sie auch andere Werkzeuge in Betracht ziehen, z. B. Malmesser oder Farbwalzen. Doch dazu später mehr.

Ein weiteres wichtiges Werkzeug für die Acrylmalerei ist die Palette. Hierbei handelt es sich um ein nichtabsorbierendes Tableau, auf dem Sie Ihre Farben anordnen und während des Malens mischen können. Vielleicht möchten Sie sich auch eine Nasspalette besorgen, die extra so konzipiert ist, dass Ihre Farben feucht bleiben. Das ist recht nützlich, um dem schnellen Trocknen der Acrylfarben entgegenzuwirken.

Palette

MALEN AUF PAPIER

Acryl kann auf viele unterschiedliche Materialien aufgetragen werden: Versuchen Sie es einmal auf Holz, Stoff, Leder oder sogar direkt auf die Wand. Dennoch sind für die meisten Künstler Papier und Leinwand (siehe Seite 18) die wichtigsten Malgründe.

Papier ist einfach zu transportieren und recht preisgünstig, daher ist es eine gute Oberfläche, auf der Sie verschiedene Techniken ausprobieren können. Im Handel sind viele Arten von Papier für Acrylfarben erhältlich, optimal eignen sich jedoch Aquarell- und Acrylpapier; letzteres wurde speziell entwickelt, um Acrylfarben aufzunehmen.

Achten Sie bei der Papierauswahl vor allem auf die Struktur und das Gewicht. Denn wie rau oder glatt die Oberfläche des Papiers ist, bestimmt, ob Ihre Pinselstriche körnig oder geschmeidig sind oder irgendwo dazwischen liegen. Als Faustregel gilt: Heißgepresstes Papier ist das glatteste, während raues Papier am meisten Textur aufweist. Das Gewicht des Papiers ist auch ausschlaggebend dafür, wie viel Flüssigkeit es aushält. Beim Arbeiten mit Acryl sind 190 g/m^2 und 300 g/m^2 die Standardgewichte, aber es gibt auch wesentlich dickeres Papier. Je schwerer das Papier, desto mehr Wasser kann es aufnehmen. Papier, das über 300 g/m^2 oder mehr wiegt, nimmt Soft-Body-Farben und sogar flüssige Tinte auf, wobei es sich allerdings etwas verformt.

Um die Saugfähigkeit des Papiers zu verbessern und seine Oberfläche zu glätten, können Sie es wie eine Leinwand vorbereiten, indem Sie einen sogenannten „Primer" (Grundierung) bzw. einen Untergrund auftragen (siehe Seite 20). Denken Sie jedoch daran, dass dies den Effekt des Ausblutens der Farbe vermindert, wenn Sie dünne Lavierungen auftragen.

Ein weiterer guter Malgrund für Acryl ist Leinenstrukturpapier. Dieses mittelschwere Papier ahmt die Textur einer Leinwand nach. Seine Beschichtung sorgt dafür, dass Acryl gut darauf haftet, außerdem hält es die Farben davon ab, in der Leinwand zu versinken oder in falsche Bereiche zu verlaufen. Leinenstrukturpapier ist im Allgemeinen in flachen Papierbögen, gebunden zu einem Block, erhältlich, wodurch es sehr benutzerfreundlich ist.

heißgepresst

MALEN AUF LEINWAND

Die Leinwand ist wohl der Malgrund, der am häufigsten mit allen Formen der Malerei in Verbindung gebracht wird. Gleichwohl passen Leinwand und Acryl besonders gut zusammen, da Acryl im Unterschied zur Ölfarbe weniger anfällig für Risse ist, wenn sich die Leinwand bewegt.

Sie können Acrylfarbe wahlweise auf Leinwände aus Baumwolle oder Leinen auftragen. Baumwolle ist die kostengünstigste Variante, während Leinen sich eher durch seine Festigkeit und Strapazierfähigkeit auszeichnet. Leinen eignet sich daher besser für Gemälde, die viel Farbe oder derbere Techniken wie das Impasto erfordern. Darüber hinaus behält Leinen mehr von seinen natürlichen Ölen bei, wodurch es länger geschmeidig bleibt als Baumwollleinwände, die mit der Zeit etwas brüchig werden können.

Eine dünne Leinwand hat die glatteste Textur, was ideal für Porträtmalerei oder filigrane Kompositionen ist, während eine raue Leinwand ein ausgeprägtes Gewebe hat, das dem Gemälde mehr Textur verleiht.

Das Gewicht einer Leinwand wird durch die Stärke des Fadens und die Dichte des Gewebes bestimmt. Je schwerer die Leinwand, desto mehr Spannung kann sie aushalten, ohne zu reißen. Daher ist es ratsam, eine schwere Leinwand für große Bildkompositionen zu wählen oder für solche, die viel Farbe aufnehmen müssen.

Bevor Sie mit der Arbeit an der Leinwand beginnen, muss sie gedehnt werden. Zu Anfang ist es vielleicht am bequemsten, wenn Sie sich Leinwände besorgen, die bereits von vornherein gedehnt wurden.

Ungrundierte
Rohbaumwolle

Mit Gesso
grundierte
Baumwolle

Mit einer klaren
Grundierung
präpariertes Leinen

VORBEREITUNG UND GRUNDIERUNG DER LEINWAND

Ein Primer ist ein Untergrund bzw. eine Grundierung, die Ihrer Leinwand - oder einer anderen Malfläche, an der Sie gerade arbeiten - genügend Saugfähigkeit und Haftung verleiht, um Farbe und andere Medien aufzunehmen, während sie zugleich etwas Formbarkeit und Beweglichkeit beibehält. Acrylfarbe kann ohne Primer aufgetragen werden. Um jedoch bessere und beständigere Ergebnisse zu erzielen, ist es am besten, die Leinwand im Vorfeld vorzubereiten, je nachdem, welchen Effekt Sie erzielen wollen.

Wenn Sie Acrylfarbe auf eine poröse Oberfläche wie eine Leinwand oder auf Papier auftragen, sollten Sie einen Primer wählen, der die Saugfähigkeit erhält, das Absinken des Pigments verhindert und dafür sorgt, dass die Farbe nicht ausblutet, bzw. mit einer anderen Farbe verläuft, oder während des Trocknens Flecken hinterlässt.

Sie sollten die erste Schicht des Primers in eine Richtung auftragen und in Hin-und-Her-Bewegungen verstreichen, bis die gesamte Fläche gleichmäßig bedeckt ist. Wenn die erste Schicht getrocknet ist, tragen Sie die zweite Schicht in Gegenrichtung auf. Wiederholen Sie diesen Vorgang, bis die Leinwand vollständig und gleichmäßig bedeckt ist - dreimal reicht normalerweise. Denken Sie daran: Mehrere dünne Schichten sind besser als wenige dicke.

Acryl-Gesso

Der am häufigsten verwendete Primer für Acrylfarbe ist Acryl-Gesso, ein Medium, das sich leicht auf die gängigsten Malgründe auftragen lässt: auf Leinwände (entweder Baumwolle oder Leinen), Holzplatten und Papier. Acryl-Gesso besteht aus Acrylpolymer und Kreide. Das Acrylpolymer verleiht der Oberfläche Geschmeidigkeit und Elastizität, während die Kreide die Saugfähigkeit gewährleistet.

Transparenter Primer

Eine weitere beliebte Wahl ist ein transparenter Primer. Er sieht im nassen Zustand zwar weiß aus, wird aber während des Trocknens klar und lässt die natürliche Farbe und die Textur der Oberfläche durchscheinen.

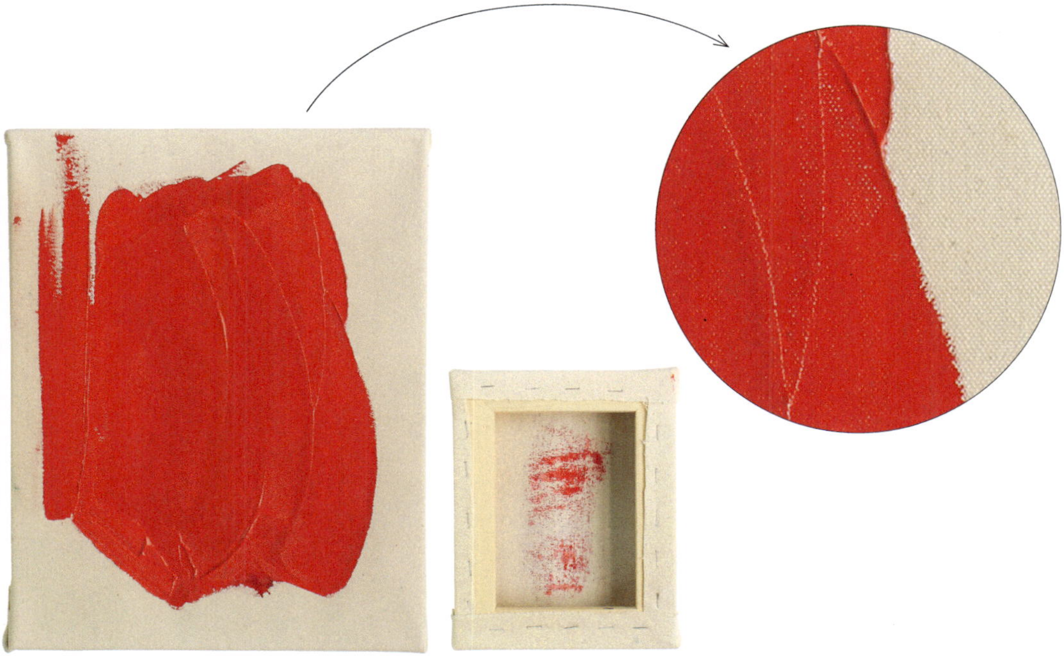

Acryl, aufgetragen auf eine ungrundierte Leinwand

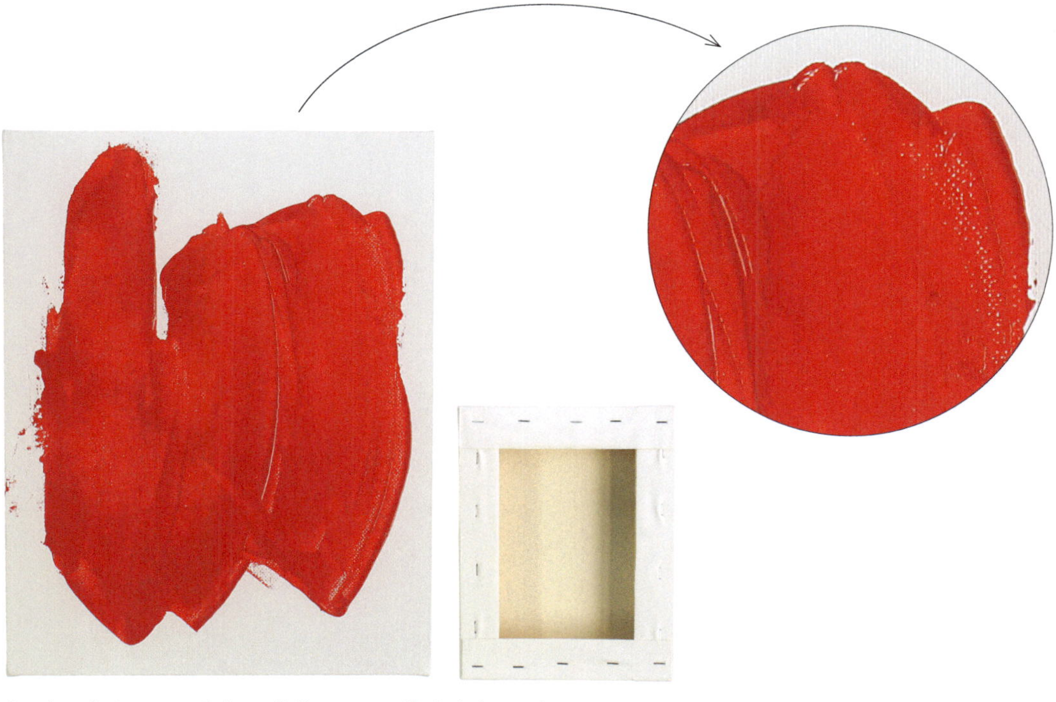

Acryl, aufgetragen auf eine mit Gesso grundierte Leinwand

DIE UNTERMALUNG

Der Begriff Untermalung bezeichnet eine monochrome erste Farbschicht, auf der Sie Ihre Komposition skizzieren und die Farbtöne für das Gemälde festlegen. Außerdem können Sie die Bereiche für Licht und Schatten bestimmen, bevor Sie die ersten Farbschichten auftragen. Eine Untermalung ist eigentlich typisch für die Ölmalerei, aber Sie können sich damit auch das Arbeiten mit Acryl leichter machen. Hier sind zwei nützliche Untermalungstechniken:

Untermalung mit Farbabstufungen (tonale Untermalung)

Wenn Sie, wie etwa in der Landschaftsmalerei, natürliche Übergänge mit abgestuften Farbtönen in Ihrem Gemälde kreieren wollen, dann eignet sich eine tonale Untermalung am besten. Dunklere Töne dienen dabei oft als Basisfarben, insbesondere gebrannte Erdtöne sowie dunkle Grün-, Blau- oder Grautöne. Nehmen Sie Ihre gewünschte Farbe und verdünnen Sie sie, indem Sie immer mehr Wasser hinzugeben, um für hellere Töne zu sorgen. Das Weiß der Leinwand gilt dabei als der hellste Ton. Subtile Übergänge von Hell zu Dunkel durch Farbtöne zu gestalten ist hilfreich, um die Illusion von Form und Volumen zu erzeugen.

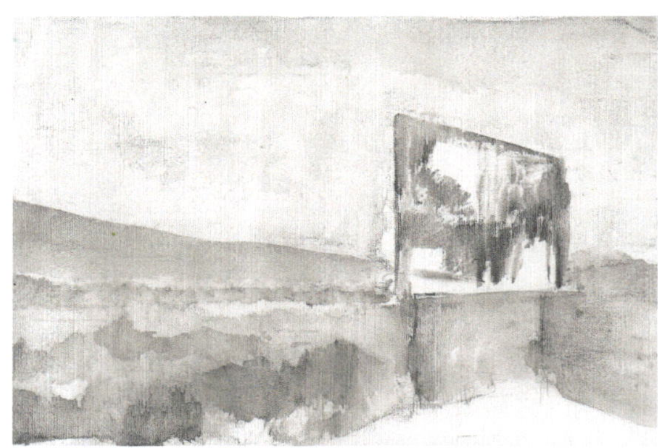

1

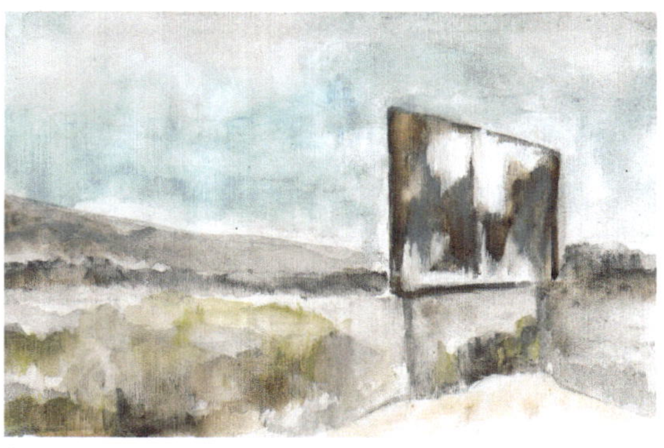

2

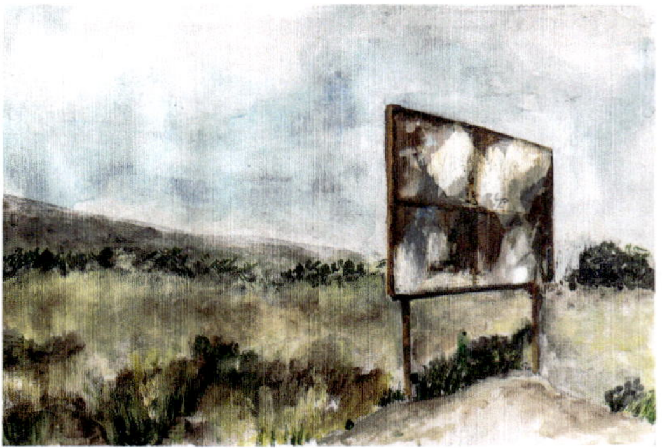

3

Einfarbige Untermalung

Falls Ihre Arbeiten harte Kontraste aufweisen sollen, ist ein einfarbiger Hintergrund vorzuziehen; hier tragen Sie eine Basisfarbe gleichmäßig auf den Malgrund auf. Wählen Sie dafür einen dunklen, deckenden Farbton, der mit den anderen Tönen in Ihrer Komposition einen schönen Kontrast bildet. Dadurch werden die Formen und Volumina, die Sie in den nachfolgenden Schichten kreieren, klar definiert. Das macht es leichter, helle und dunkle Farbwerte festzulegen. Einfarbige Hintergründe bieten sich für Porträts an, in denen sich die dargestellte Person im Vordergrund markant vom Hintergrund absetzt.

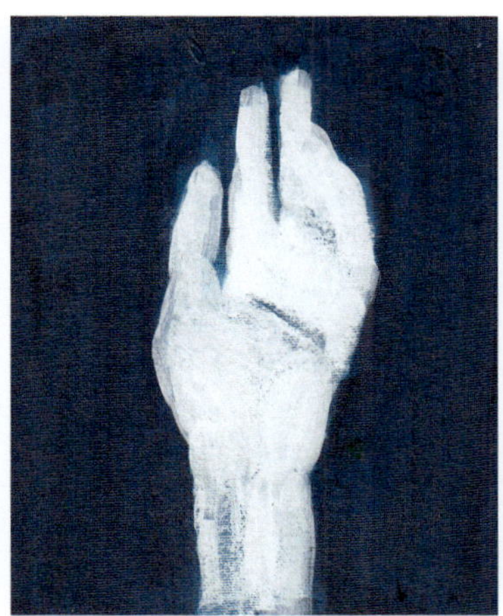

1

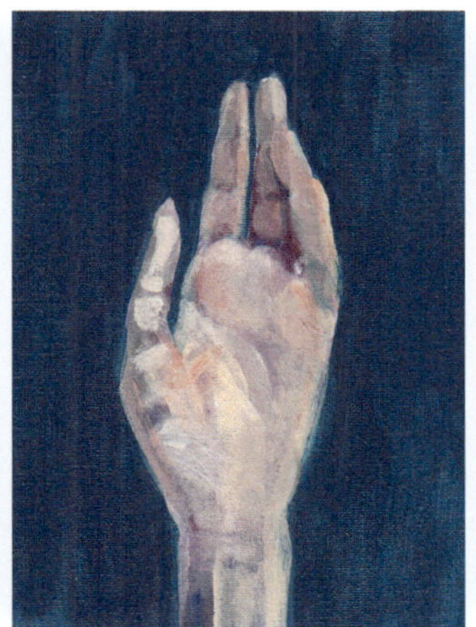

2

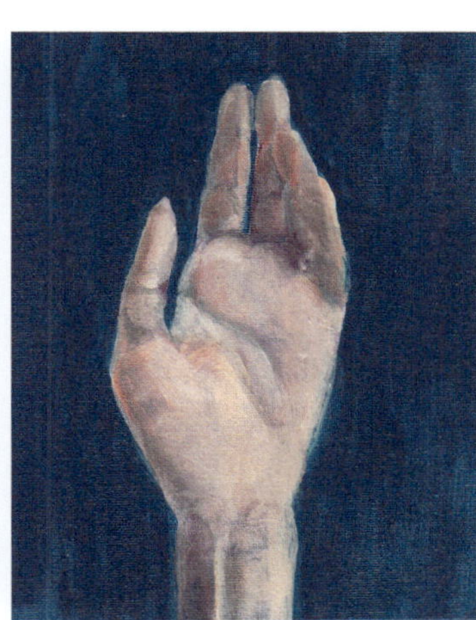

3

TECHNIKEN DER ACRYL-MALEREI

TEXTUREN KREIEREN MIT DER TROCKENPINSELTECHNIK

Gegenüber-liegende Seite: Jean Smith, *Singer #4*, Acryl auf Malkarton, 2017

Bei der Trockenpinseltechnik wird mit einem trockenen Pinsel nur wenig Farbe aufgenommen, um danach den Pinsel über die Leinwand zu ziehen. So entstehen Effekte, wie sie Jean Smith für das Porträt auf der gegenüberliegenden Seite einsetzt: Man bekommt den Eindruck, das Bild sei verkratzt, und es finden sich Strukturen in der Maltextur. Sie dürfen dabei den Pinsel nicht befeuchten, sondern nehmen Sie direkt etwas Farbe, tupfen den Pinsel auf der Palette gut ab und tragen die Farbe auf.

Je dicker die Farbe, desto einfacher ist es, strukturierte Malspuren zu erzeugen. Die Beschaffenheit Ihres Malgrunds wirkt sich ebenfalls auf das Ergebnis aus: Die Textur einer Baumwollleinwand hinterlässt markantere Spuren, während die Farbe auf einer glatteren Oberfläche für eine gleichmäßigere Deckkraft sorgt.

Wenn Sie einen Pinsel mit steiferen Borsten (z. B. vom Schwein) oder einen Synthetikhaar-Pinsel mit steifen, elastischen Borsten benutzen, können Sie mehr Druck auf die Malfläche ausüben.

SELBST AUSPROBIEREN

1. Tragen Sie mit einem Flachpinsel, der kurze Borsten hat, etwas Heavy-Body-Farbe mit tupfender Bewegung auf den Malgrund auf. Arbeiten Sie etwas länger in Bereichen, wo die Farbe dunkler sein soll.

2. Mit einem Fächerpinsel schaffen Sie den Eindruck einer strukturierten Fläche.

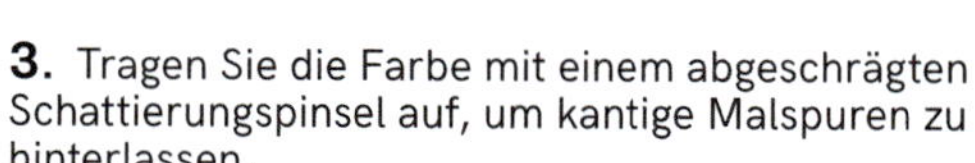

3. Tragen Sie die Farbe mit einem abgeschrägten Schattierungspinsel auf, um kantige Malspuren zu hinterlassen.

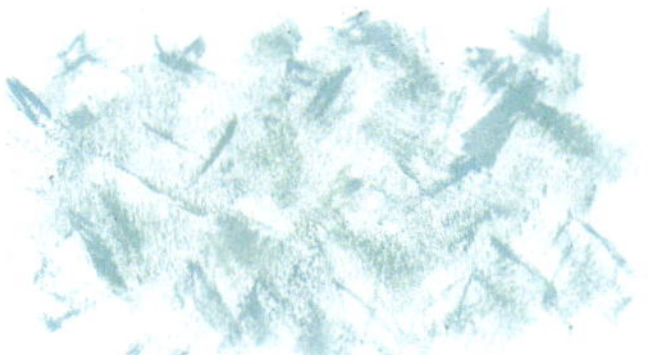

4. Sorgen Sie für zarte tonale oder farbige Übergänge, indem Sie verschiedene Farben nebeneinandersetzen. Tupfen Sie dann mehrmals auf die Ränder, sodass die Farben sich annähern, bis sie sich leicht überlappen.

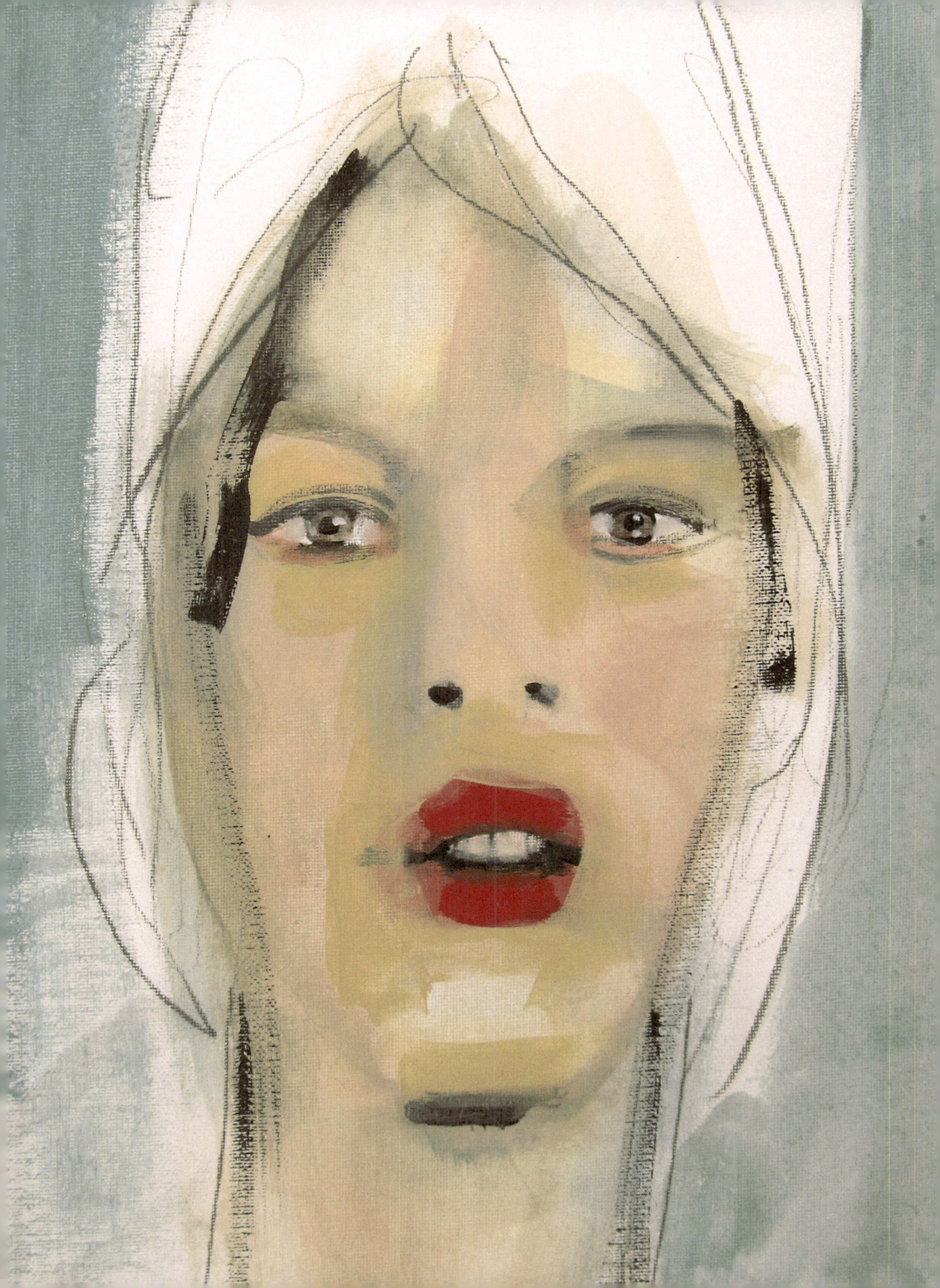

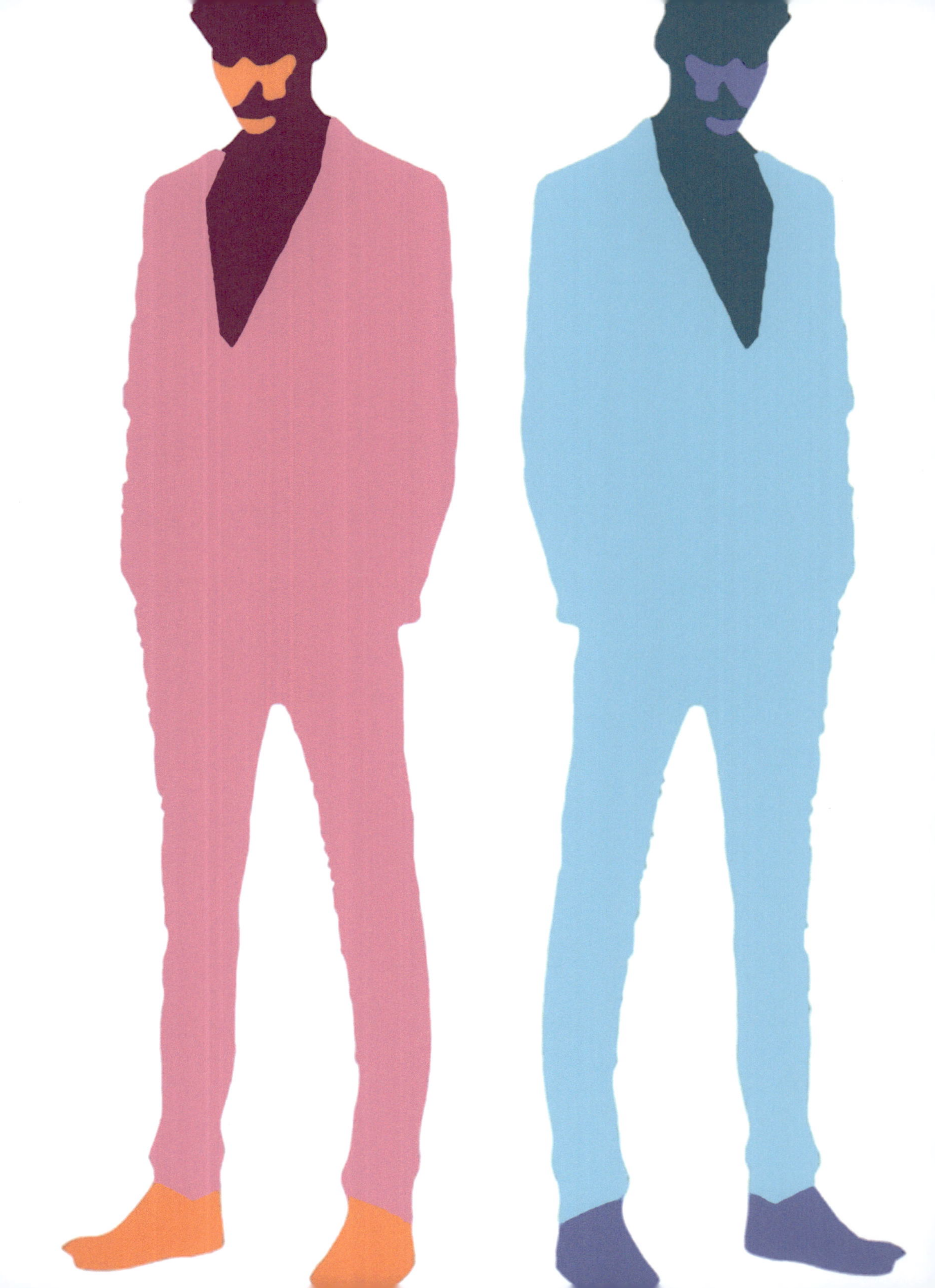

IN KRÄFTIGEN, FLACHEN FARBEN MALEN

Gegenüber-
liegende Seite:
Dominic Joyce,
Neon Duplex,
Acryl auf
Leinwand, 2013

Acrylfarbe trocknet schnell und vermischt sich - wenn sie trocken ist - nicht mit anderen Farben; als Ergebnis erhalten Sie deckende und kräftige Schichten. Acrylfarbe ist daher gut geeignet, wenn Ihr Bild ein flaches, eher grafisches Aussehen haben soll. Für beste Resultate ist die Wahl Ihres Untergrunds von zentraler Bedeutung: Je glatter die Oberfläche, desto einfacher ist es, ein gleichmäßiges Finish hinzukriegen.

Entscheiden Sie sich daher für verschiedene Soft-Body-Farben mit flüssiger Konsistenz, die Ihre Malfläche gleichmäßig bedecken und keine Pinselspuren hinterlassen. Sie können dies optimieren, indem Sie dem Wasser, mit dem Sie die Farbe verdünnen, zusätzlich ein Fluid-Medium hinzufügen. Weiche und flache Synthetikhaar-Pinsel sind ideal für diese Technik, da sie keine Streifen hinterlassen und ein absolut flaches und glattes Finish gewährleisten.

Wenn Sie scharfe, klar abgegrenzte Farbfelder schaffen wollen wie in Dominic Joyce' Arbeit auf der gegenüberliegenden Seite, die den Einfluss der Pop-Art zeigt, können Sie mit Klebeband bestimmte Bereiche festlegen, bevor Sie die Farbe auftragen. Lassen Sie die Farbe erst trocknen, bevor Sie das Klebeband entfernen und zur nächsten Fläche übergehen.

TIEFENILLUSION MIT FLACHEM FARBAUFTRAG

Die Illusion von Raum und Tiefe lässt sich durch zweidimensionale Kunst erzeugen, indem man ein Motiv durch aufeinanderfolgende Bereiche mit flachem Farbauftrag vereinfacht darstellt. Mehrere miteinander kombinierte kleine Abschnitte verschiedener Farbtöne suggerieren eine natürliche Abstufung.

So bedient sich beispielsweise die Künstlerin Joanna Dziedzianowicz in ihrem lebhaften zeitgenössischen Gemälde auf der gegenüberliegenden Seite der Perspektive und der Farbe, um die Tiefenwirkung zu verstärken. Das Beispiel auf Seite 28 veranschaulichte, wie satte Farben in flachen und deckenden Schichten aufgetragen werden können, die sich überhaupt nicht überlappen. Dziedzianowicz trug die Farben hier jedoch in kleineren Abschnitten auf, sodass sie sich gerade eben überschneiden, um weichere Ränder hervorzubringen. Dadurch entsteht der Eindruck von Tiefe, da man die Konturen kaum erkennt und die Formen somit ein natürlicheres Aussehen haben. Die Künstlerin verwendete auch verschiedene Farbtöne und -temperaturen, um die Vorstellung von Ferne zu vermitteln: die sattesten Farben für die Personen im Vordergrund und die gedecktesten Farben für den Hintergrund.

Denken Sie also daran: Soft-Body-Farben eignen sich am besten für diese Technik, da sie sich gleichmäßiger verteilen.

SELBST AUSPROBIEREN

1. Wählen Sie Soft-Body-Farben für Bereiche, in denen Sie die Farbe flach, das heißt ohne Farbabstufung, auftragen. Verdünnen Sie die Farben an den Rändern, an denen sie sich überlappen.

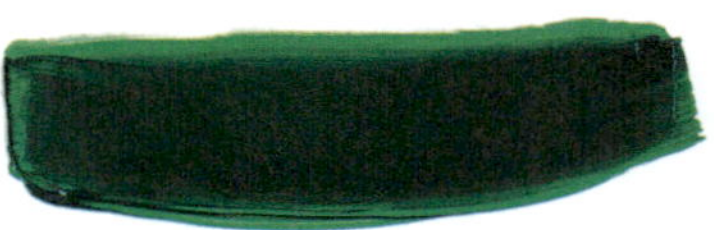

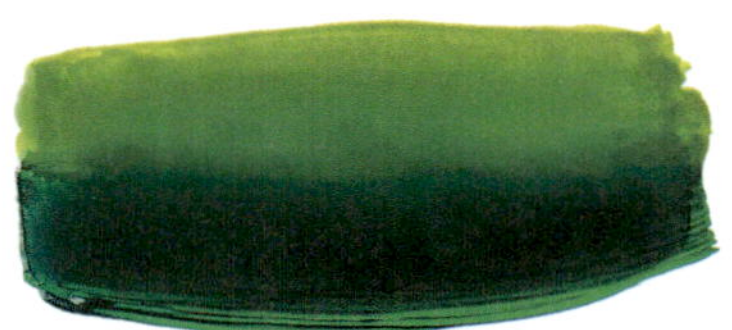

2. Verwenden Sie einen etwas helleren Farbton und platzieren Sie einen weiteren Farbabschnitt neben bzw. über den ersten. Sobald alles getrocknet ist, tragen Sie eine halbdurchsichtige Lavierung über den oberen Farbbereich auf, um Tiefe aufzubauen und den Eindruck von Lichtreflexen zu suggerieren.

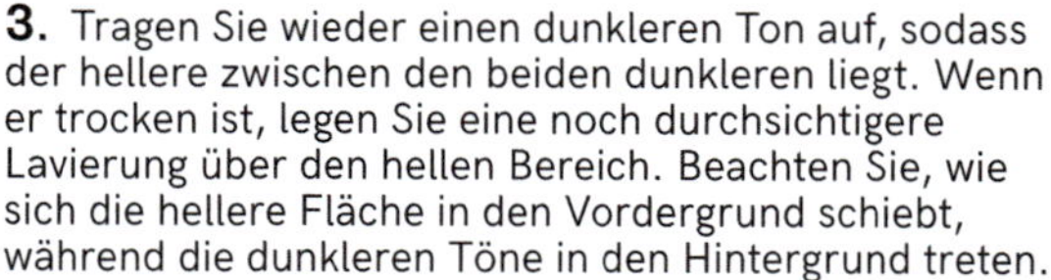

3. Tragen Sie wieder einen dunkleren Ton auf, sodass der hellere zwischen den beiden dunkleren liegt. Wenn er trocken ist, legen Sie eine noch durchsichtigere Lavierung über den hellen Bereich. Beachten Sie, wie sich die hellere Fläche in den Vordergrund schiebt, während die dunkleren Töne in den Hintergrund treten.

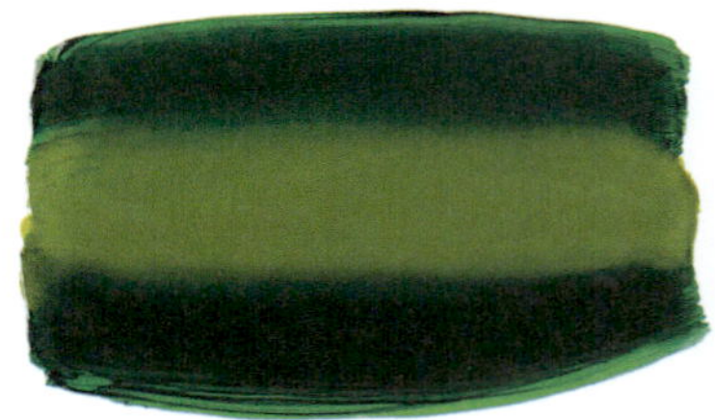

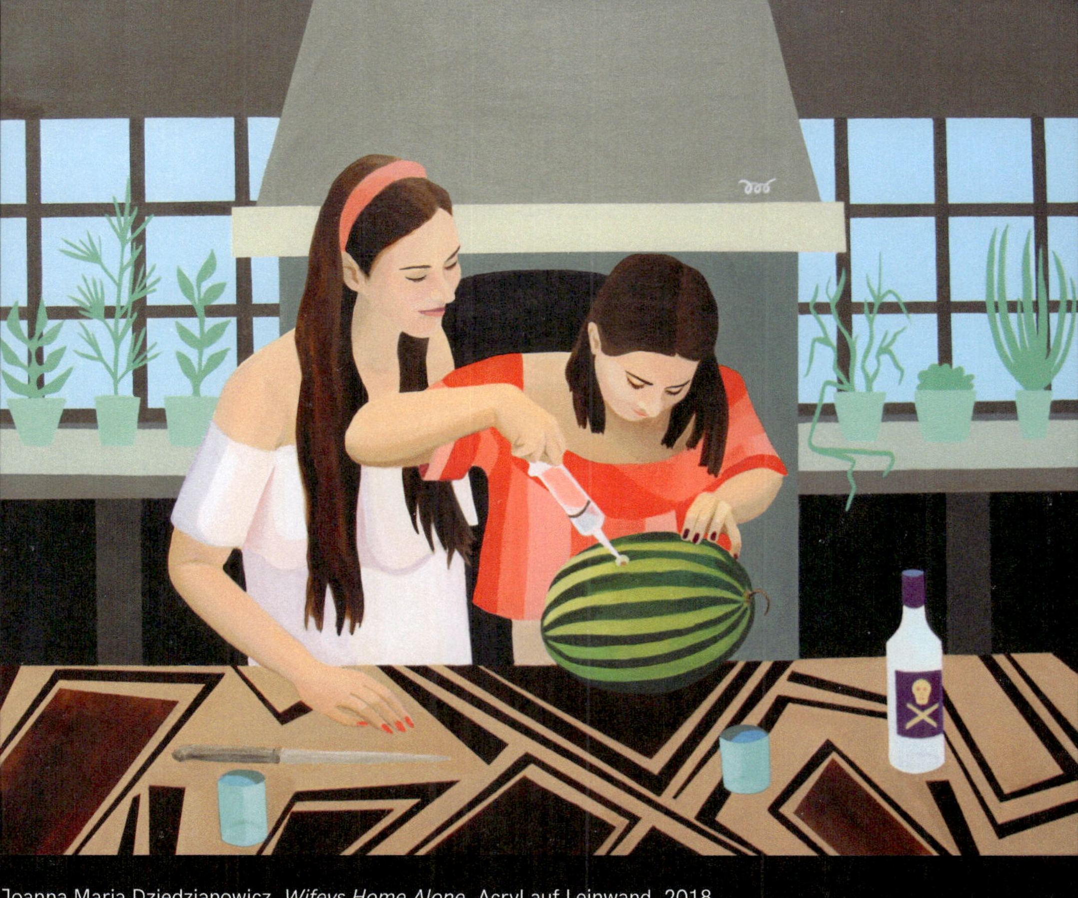

Joanna Maria Dziedzianowicz, *Wifeys Home Alone*, Acryl auf Leinwand, 2018

HARTE RÄNDER FÜR KLARE KONTUREN

Wenn wir Umrisse bzw. Konturen beschreiben, sagen wir, dass sie harte oder weiche Ränder haben. Harte Ränder entstehen durch klare, scharfe Linien, sodass eine bestimmte Form aus der Komposition hervorsticht und in den Vordergrund tritt. Das eignet sich gut für geometrische Formen, und tatsächlich wurde diese Technik oft von abstrakten Malern zu Beginn des 20. Jahrhunderts angewendet, die Farben mit sauber gezogenen Rändern statt expressiver Pinselstriche bevorzugten.

Sie können harte Ränder leicht dadurch gestalten, dass Sie bestimmte Farbbereiche mit - idealerweise säurefreiem - Klebeband versiegeln. Kleben Sie diesen Bereich aber erst ab, nachdem der Malgrund ordentlich grundiert wurde (siehe Seite 20) und richtig trocken ist.

Hier können Sie jede Art von Farbe benutzen, unabhängig von ihrer Konsistenz. Soft-Body-Farben sollten allerdings mit Goldens Acrylpolymer GAC 200 gemischt werden, ein Fluid-Medium, das während des Trocknens die Filmhärte der Farbe erhöht und ihr ein schärferes Aussehen verleiht. Verwenden Sie einen Synthetikhaar-Pinsel, um ein absolut flaches Finish ohne Pinselspuren zu erzeugen.

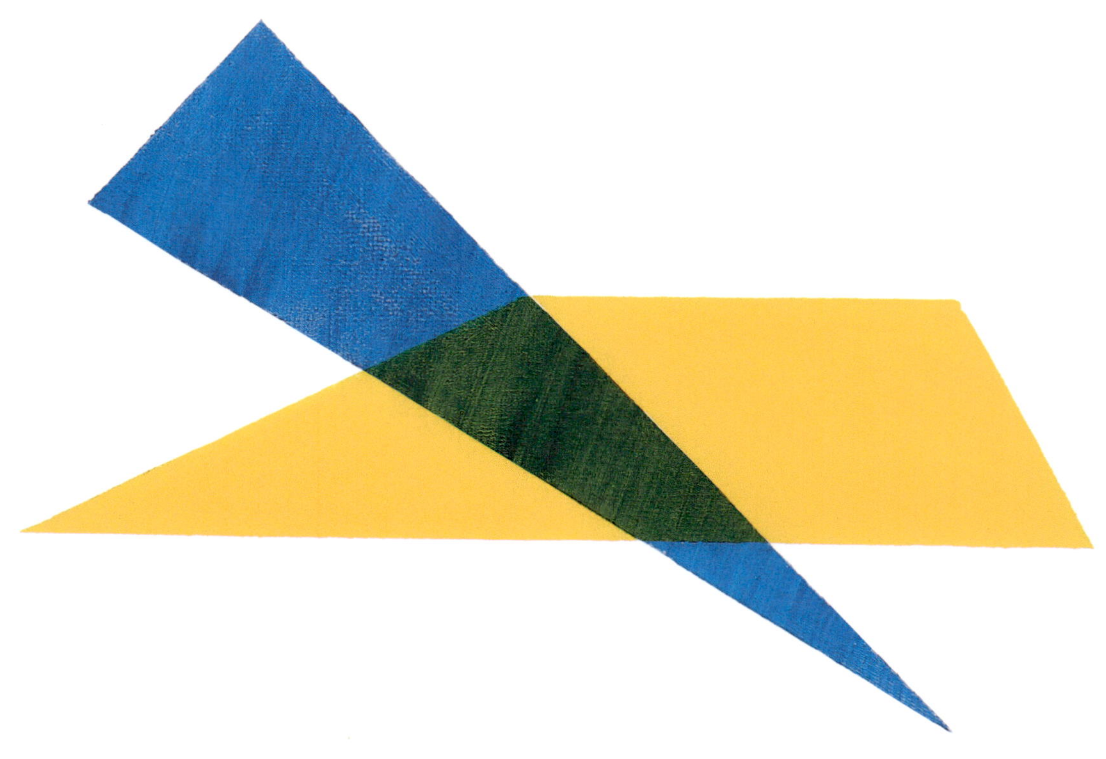

1. Tragen Sie eine Schicht mit Primer oder eine Grundschicht mit Farbe auf die Leinwand auf. Sobald diese erste Schicht völlig trocken ist, drücken Sie das Klebeband mit den Fingern auf die Leinwand. Alternativ können Sie es auch mit einem weichen Tuch sachte auf die Leinwand reiben, um sicherzustellen, dass es ordentlich auf der Oberfläche haftet und keine Farbe darunter durchsickert.

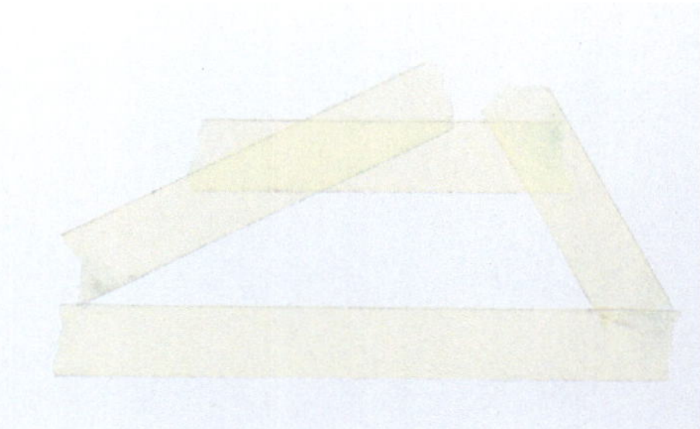

2. Malen Sie den ausgesparten Bereich aus, und zwar entweder mit einem weichen Pinsel, wenn Sie eine glatte Oberfläche wünschen, oder mit einem Pinsel, der härtere Borsten hat, wenn Sie mehr Textur bevorzugen.

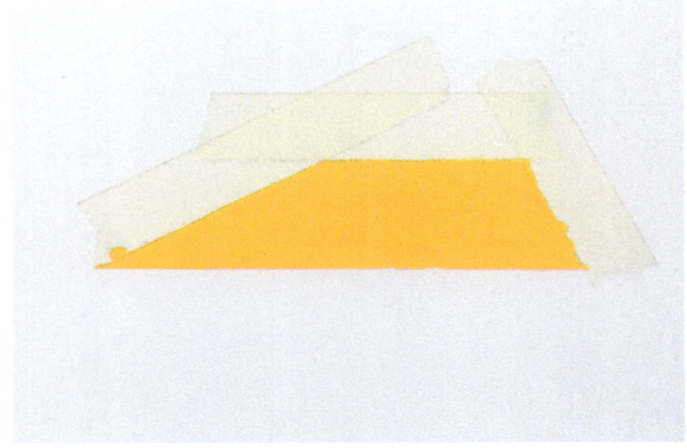

3. Entfernen Sie das Klebeband, sobald die Farbe vollständig getrocknet ist, und gehen Sie zum nächsten Abschnitt über.

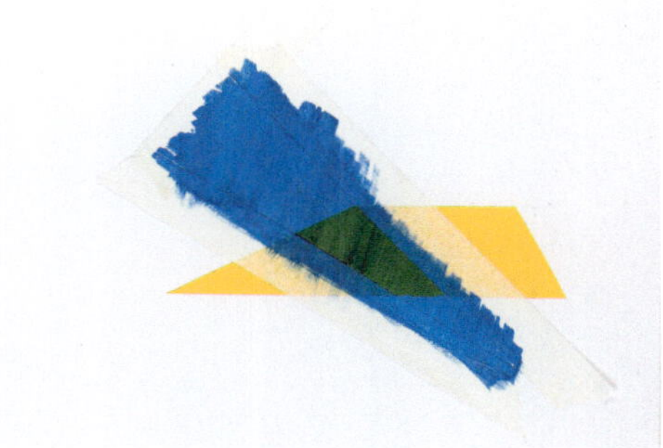

DIE GESTALTUNG WEICHER RÄNDER

Gegenüberliegende Seite: Sherry Loehr, *Dusk*, Acryl auf Holz, 2018

Beim Malen gegenständlicher Bilder sind weiche, unscharfe Ränder gut, um den Eindruck von Ferne und Tiefe zu vermitteln: Formen im Hintergrund wirken unschärfer als solche im Vordergrund. Weiche Konturen können auch dazu dienen, den Blick des Betrachters auf ein besonderes Element Ihres Gemäldes zu lenken, genau wie das Einstellen der Bildschärfe beim Fotografieren. In dem Bild *Dusk* von Sherry Loehr soll eine scharf gezogene Linie den Eindruck erwecken, dass Ufer werde vom Wasser umspült. Im Hintergrund aber wird der dunstige Horizont mit einer weicheren Linie dargestellt.

Es ist mitunter nicht so einfach, weiche Ränder mit Acrylfarbe zu gestalten, da sie sehr schnell trocknet, aber es ist nicht unmöglich. Mit der Nass-in-Nass-Technik (siehe Seite 37) können Sie während des Malprozesses weiche Ränder gestalten, oder Sie warten, bis das Bild trocken ist und geben ihnen erst dann ein weiches Aussehen. Der Trick ist, die Acrylfarbe (ganz gleich, welcher Art) deckender in den Bereichen einzusetzen, an denen Sie eine klar abgegrenzte Farbe wünschen. Und dort, wo die Farbe in eine andere übergehen soll, verdünnen Sie die Farbe mit einem Mattierungsmittel (gleicht in etwa dem Fluid-Medium matt) oder Fließmedium.

Die Pinselhärte sollte der verwendeten Oberfläche entsprechen. Pinsel mit weichem Synthetikhaar eignen sich besser für glatte Flächen, während Sie für ein strukturiertes Gewebe eher Schweine- oder robuste, synthetische Borsten benutzen sollten.

SELBST AUSPROBIEREN

1. Legen Sie die Komposition des Bildes auf der Leinwand sowie die verschiedenen Farbbereiche fest.

2. Ist das Bild trocken, mischen Sie etwas Mattierungsmittel in Ihre Farbe, nehmen etwas davon mit einem fast trockenen Filbertpinsel auf und tragen es in kleinen Kreisbewegungen auf die Linien der Ränder auf, die weicher aussehen sollen.

3. Sie können auch einen Fächerpinsel benutzen, um mit Federbewegungen die Ränder noch weicher zu gestalten und einen sanften Übergang zwischen den Farben zu schaffen.

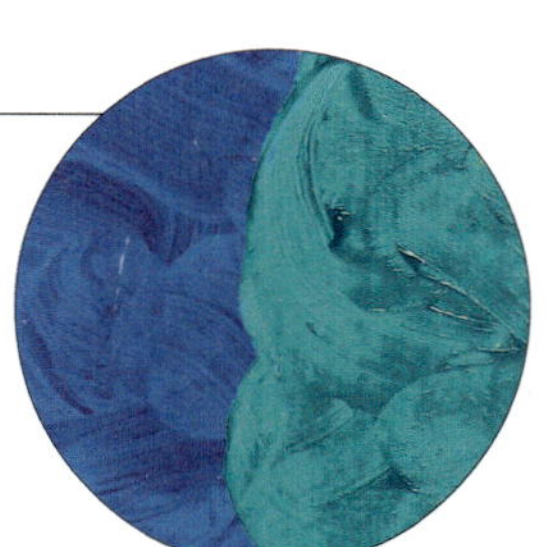

Harter Rand

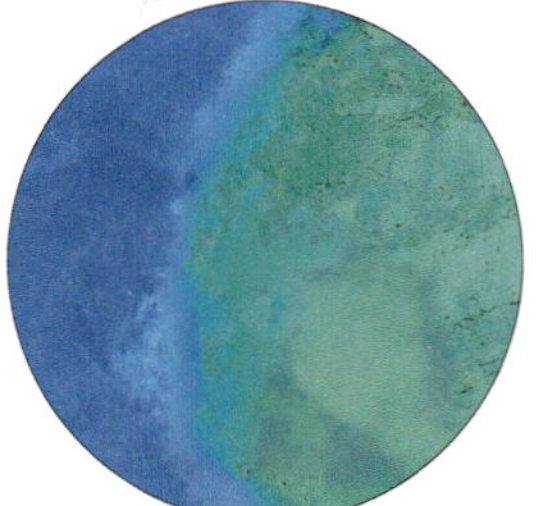

Weicher Rand

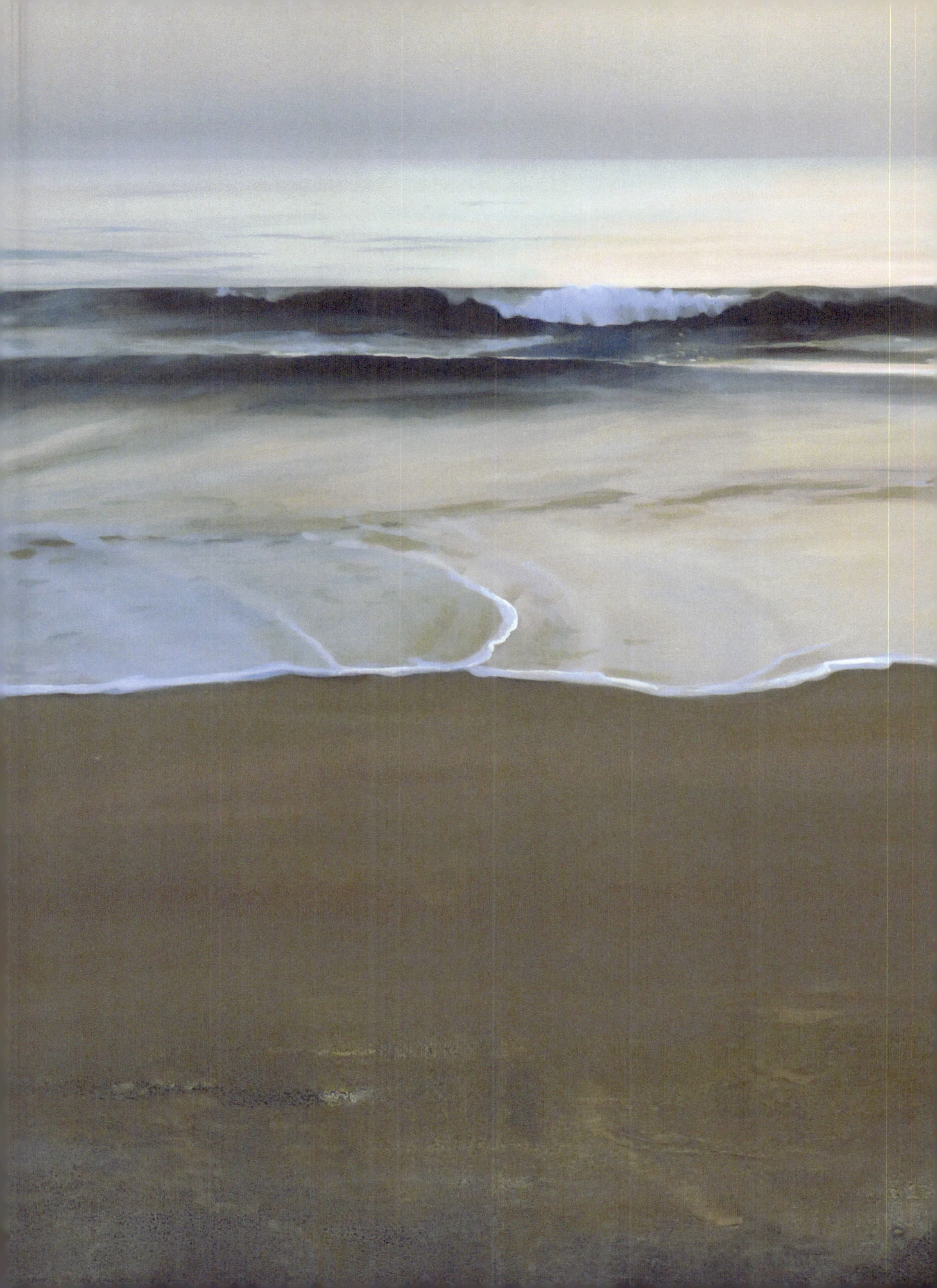

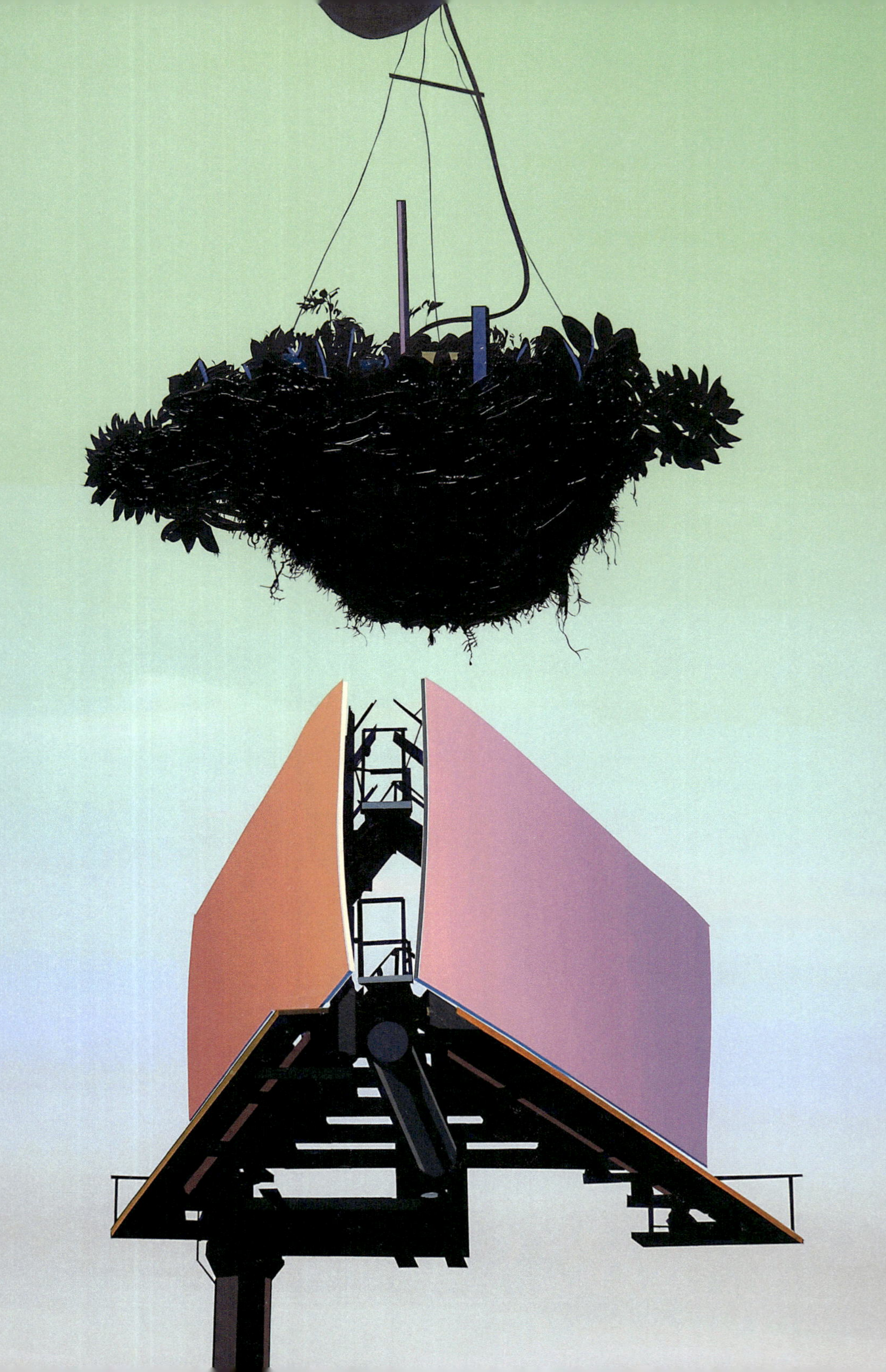

STUFENLOSE ÜBERGÄNGE MIT DER NASS-IN-NASS-TECHNIK

Gegenüberliegende Seite: Glen Rubsamen, *None of My Business*, Acryl auf Holz, 2015

Wenn Sie mit Acryl malen, möchten Sie mitunter zwei Farben so vermischen, dass sie einen stufenlosen Übergang auf der Malfläche ergeben. Das können sie z. B. durch die Nass-in-Nass-Technik erreichen, das bedeutet: Sie vermischen die Farben, wenn sie noch nass sind. Die größte Herausforderung ist dabei die schnelle Trocknungszeit der Acrylfarbe. Am besten verwenden Sie daher entweder langsam trocknende Acrylfarbe oder fügen Ihrer Farbe einen Retarder hinzu, um die Trocknungszeit zu verzögern (siehe Seite 12).

Für einen sanften Übergang sind auch Pinsel mit weichem Synthetikhaar hilfreich, da sie keine auffälligen Pinselspuren hinterlassen. Und je glatter die Oberfläche, desto einfacher und schneller ist es, einen stufenlosen Übergang zu schaffen. Sie können Ihre Leinwand entweder grundieren und mit Sandpapier schleifen oder, noch besser, Sie kaufen sich eine robuste Gesso-Malplatte, die eine feingeschliffene und makellose Oberflächenstruktur hat.

SELBST AUSPROBIEREN

1. Befeuchten Sie die Leinwand etwas, entweder mit einem Pinsel oder einem Schwamm. Tragen Sie die erste Farbschicht auf, anschließend die zweite daneben. Achten Sie jedoch darauf, etwas Abstand zwischen den beiden Flächen zu lassen. Verwenden Sie so wenig Farbe wie möglich, so können sich die beiden Farben leichter vereinigen.

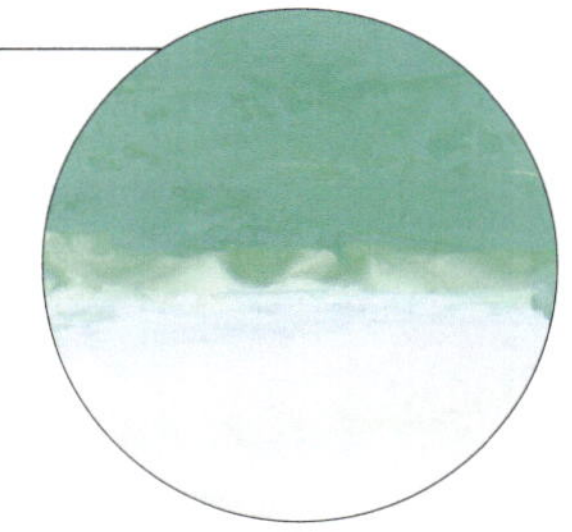

2. Verschmelzen Sie die beiden Farben, indem Sie sie in einer Zickzackbewegung aufeinander zubewegen. Tragen Sie Ihre Pinselstriche parallel zueinander auf, um für einen gleichmäßigeren Farbverlauf zu sorgen. Sollte überschüssige Farbe den Übergang verschmieren, wischen Sie Ihren Pinsel mit einem weichen Tuch ab und fahren anschließend fort, die Farben zu vermischen, bis keine Farbunterschiede oder Pinselspuren mehr zu sehen sind.

AQUARELLEFFEKTE MIT ACRYL

Gegenüberliegende Seite: Elise Morris, *Spring Spell 3*, Acryl und Grafit auf Papier, 2015

Man kann Acrylfarbe auch verdünnen, um ihre Deckkraft zu verringern, ohne dass ihre Leuchtkraft verloren geht (siehe Seite 51). Mit demselben Verdünnungsverfahren können Sie auch einen völlig anderen Effekt erzielen, und zwar das sogenannte staining (siehe Seite 9). Hierbei sickert sehr flüssige Farbe in eine poröse Oberfläche ein, z. B. in eine ungrundierte Leinwand oder in Papier, sodass sie an den Rändern faserig verläuft bzw. ausblutet. Das ergibt einen wunderschönen Effekt, der an zarte Aquarelllavierungen erinnert.

Das Endergebnis hängt von der Konsistenz Ihrer verwendeten Farbe und vom Malgrund ab. Als Faustregel gilt: Papier absorbiert mehr Farbe und verstärkt somit den Effekt des Ausblutens, sodass faserige Farbränder zurückbleiben, während eine ungrundierte Leinwand, die weniger saugfähig ist, für schärfere Ränder sorgt.

Um eine Arbeit wie auf der gegenüberliegenden Seite zu schaffen, kombinierte Elise Morris Acrylfarbe mit Grafit auf hoch saugkräftigem Papier, und so schuf sie zarte, fast durchsichtige Blumen.

SELBST AUSPROBIEREN

1. Tragen Sie mit einem sauberen, weichen Pinsel Wasser auf die Stellen auf, an denen Sie die Farbe auftragen möchten. Tropfen Sie danach Fluid-Acrylfarbe auf das feuchte Papier und lassen sie in die leicht gefärbten Lavierungen frei verlaufen.

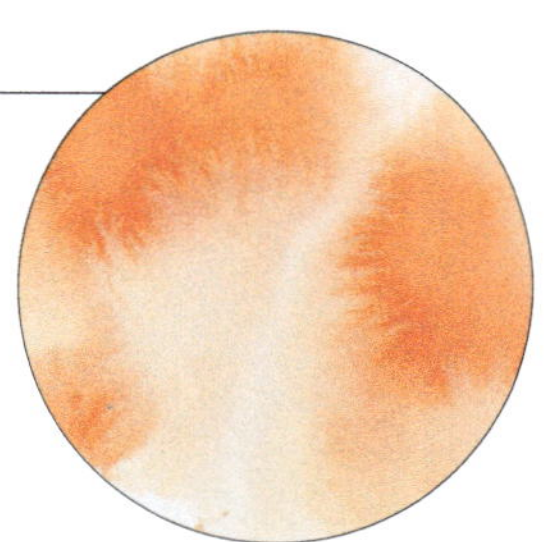

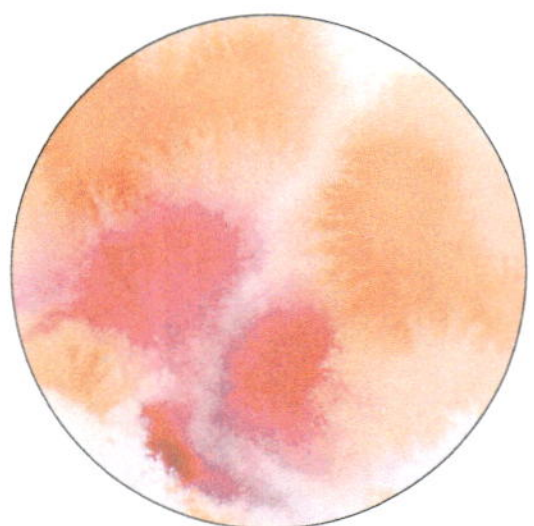

2. Während die erste Schicht noch nass ist, geben Sie tropfweise eine weitere Farbe hinzu, sodass sich die Farben vermischen und ineinander verlaufen.

3. Sobald die ersten Schichten trocken sind, können Sie weitere Lavierungen mit flüssiger Acrylfarbe auftragen, um verschiedene Schichten zu schaffen. Versuchen Sie, sattere Farben hinzuzugeben, um für Kontraste und Effekte zu sorgen.

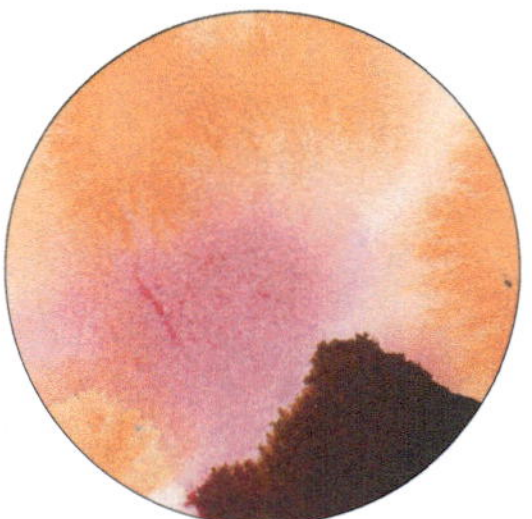

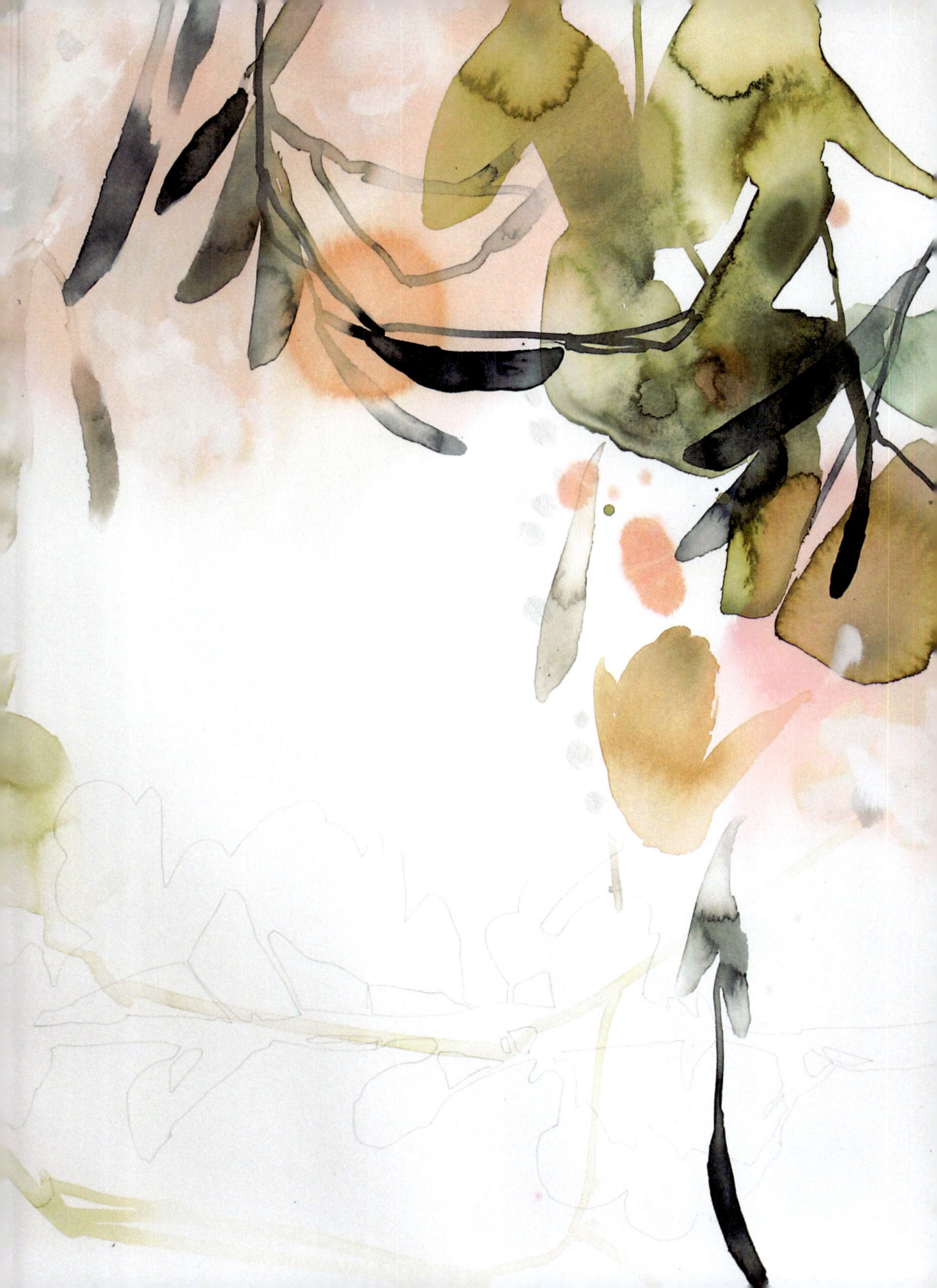

SPLATTER- UND SPRENKELTECHNIK UND VERLAUFEFFEKTE

Gegenüberliegende Seite: Acryltinte verläuft in Aquarellpapier (300 g/m^2) und formt eine abstrakte Blume.

Wir haben gesehen, wie man aquarellähnliche Lavierungen mit Acrylfarben kreieren kann (siehe Seite 38). Jetzt wollen wir uns mit der Splatter-Technik, mit Verlaufeffekten sowie mit der Sprenkeltechnik mit Acryltinte beschäftigen, die noch expressiver und gestischer sind. Diese Techniken bieten eine gute Möglichkeit, Ihre Arbeiten mit Bewegung und Mustern zu bereichern.

Besorgen Sie sich dazu einen Malgrund mit gleichmäßiger Saugfähigkeit, z. B. möglichst glattes Aquarellpapier, Bristolkarton oder Claybord. Dadurch trocknet die Tinte auf der Oberfläche, sodass sich wirklich scharfe und klar definierte Konturen bilden bei maximaler Beibehaltung der Leuchtkraft der Tinte. Allerdings verändern unterschiedliche Papierarten und Sättigungsgrade den Effekt; scheuen Sie sich daher nicht, zu experimentieren.

SELBST AUSPROBIEREN

Splatter-Technik

Nehmen Sie etwas Tinte mit einer Pipette auf und drücken Sie diese auf das Papier, sodass die Farbe herausläuft. Wiederholen Sie diesen Vorgang in unterschiedlichen Abständen auf dem Papier und verbinden Sie verschiedene Farben, bis ein zufallsbedingtes, expressives Muster entsteht.

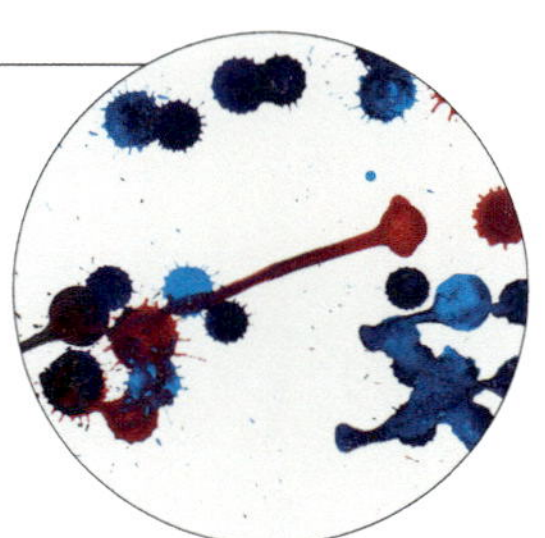

Sprenkeltechnik

Halten Sie einen runden, weichen Synthetikhaar-Pinsel mit Acryltinte oder dünnflüssiger Farbe über Ihr Papier und sprenkeln Sie mit dem Pinsel die Tinte oder Farbe darauf. Sie können nun warten, bis die Farben trocken sind, bevor Sie weitere Schichten auftragen, oder Sie fügen weiterhin Tinte hinzu, während die Farben noch nass sind. Dadurch können sich die Tinten frei miteinander verbinden.

Verlaufeffekte (Ausbluten der Farbe)

Befeuchten Sie das Papier mit Hilfe eines großen Pinsels zunächst mit klarem Wasser, bevor Sie die Tinte auftragen. Dadurch geraten Ihre Farben in Fluss und verlaufen willkürlich ineinander - sie bluten aus.

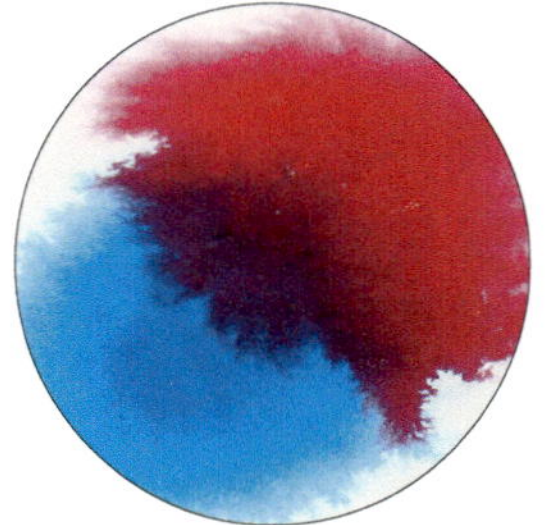

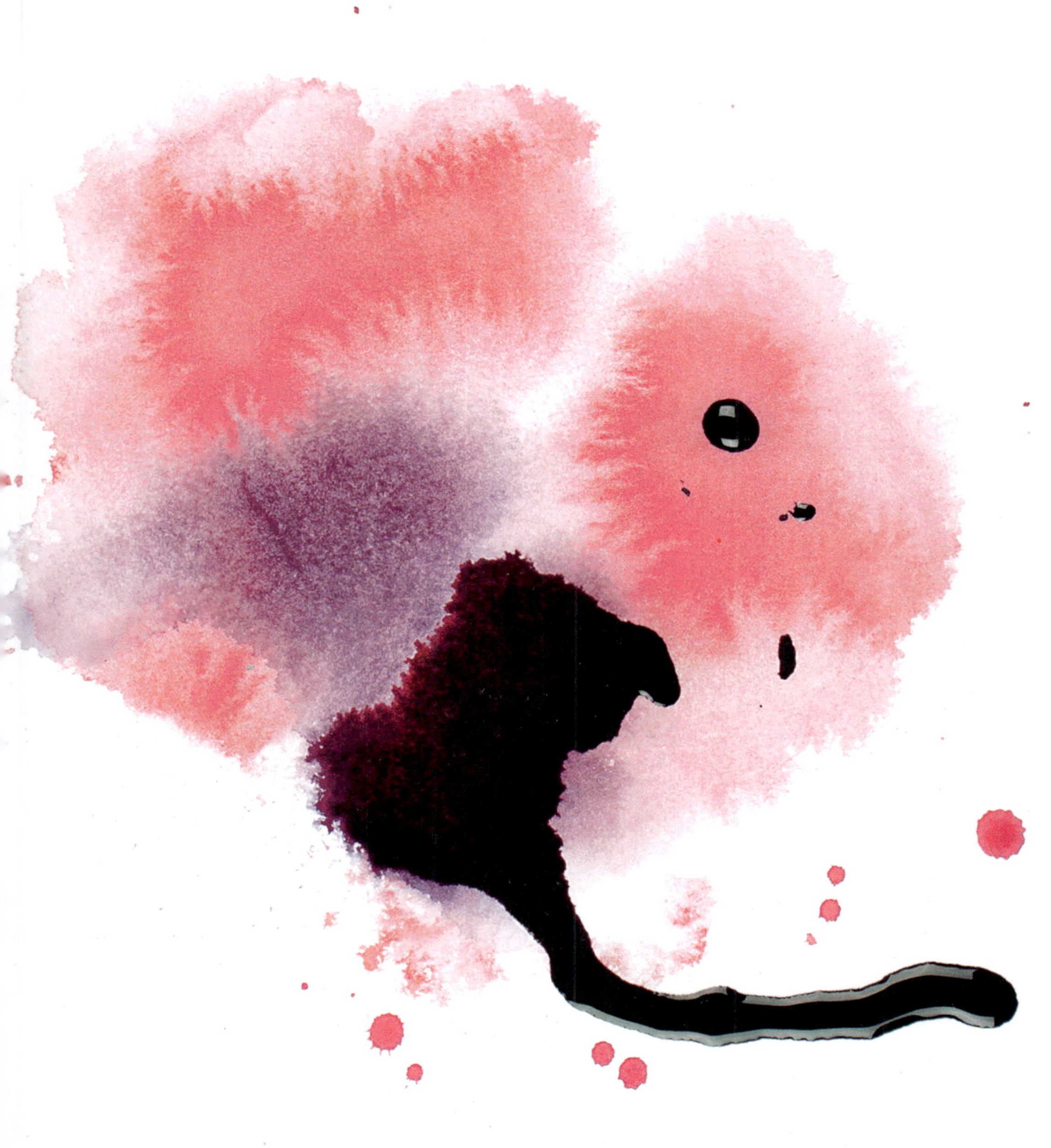

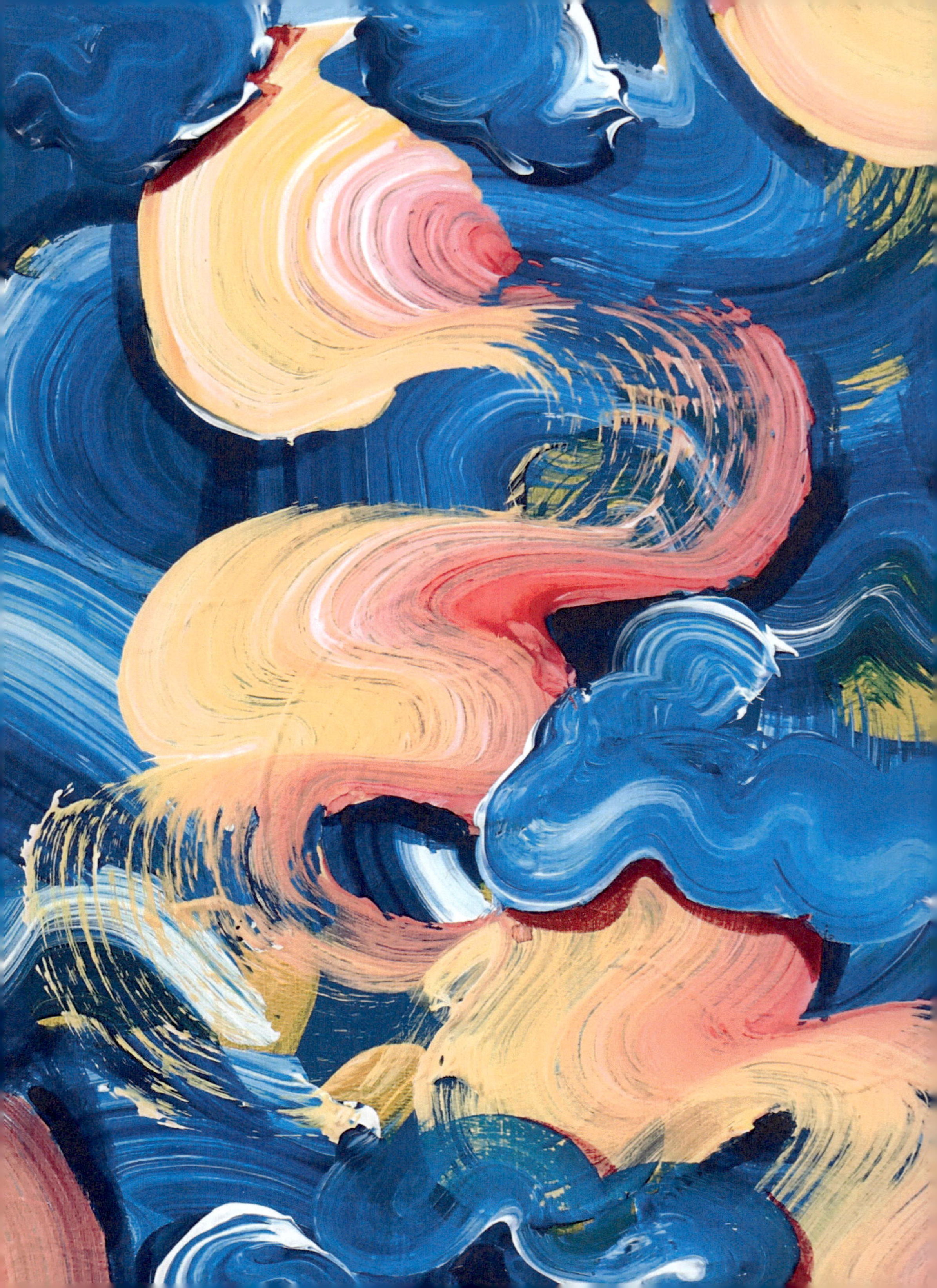

BEWEGUNG SUGGERIEREN DURCH PINSELSTRICHE

Gegenüberliegende Seite: Dan Huston, *The Sun on My Neck* (Detail, links), Acryl auf Holz, 2017

Einer der größten Vorteile von Heavy-Body-Acrylfarbe ist ihre dickflüssige Konsistenz, sodass sie, falls erwünscht, deutliche Pinselspuren hinterlässt und Texturen erzeugt, ohne dass sie sich mit anderen Farben vermischt. Zieht man Farben dichter Konsistenz über einen Malgrund, bilden sich schöne gewundene Linien, die expressive, strukturierte Gemälde mit leuchtenden Farben voller Energie und Bewegung ergeben.

Um Acrylfarben noch dickflüssiger zu machen, können Sie sie mit Heavy-Body-Gel mischen. Das verleiht den Farben noch mehr Dichte, ohne dass sie ihre Sättigung einbüßen (siehe Seite 13).

SELBST AUSPROBIEREN

1. Nehmen Sie ein paar Heavy-Body-Farben und tragen Sie haselnussgroße Mengen jeder Farbe in einer Linie nebeneinander auf die Leinwand auf.

2. Ziehen Sie nun mit einem breiten Flachpinsel, der alle Farben erfasst und so elastisch ist, dass sich die Farben leicht verstreichen lassen, diese in schlingenden Bewegungen nach unten. Achten Sie darauf, dass Sie beim Herunterziehen den Kontakt mit der Leinwand halten, denn so vermeiden Sie, dass sich die Farben vermischen.

3. Falls Sie jedoch ein leichtes Vermischen der Farben beabsichtigen, wiederholen Sie diesen Vorgang (siehe Punkt 2), solange die Farben noch nass sind. Sie dürfen allerdings nicht denselben Pinsel benutzen, da sich die Farben sonst gänzlich vermischen, wodurch der Effekt vermindert wird.

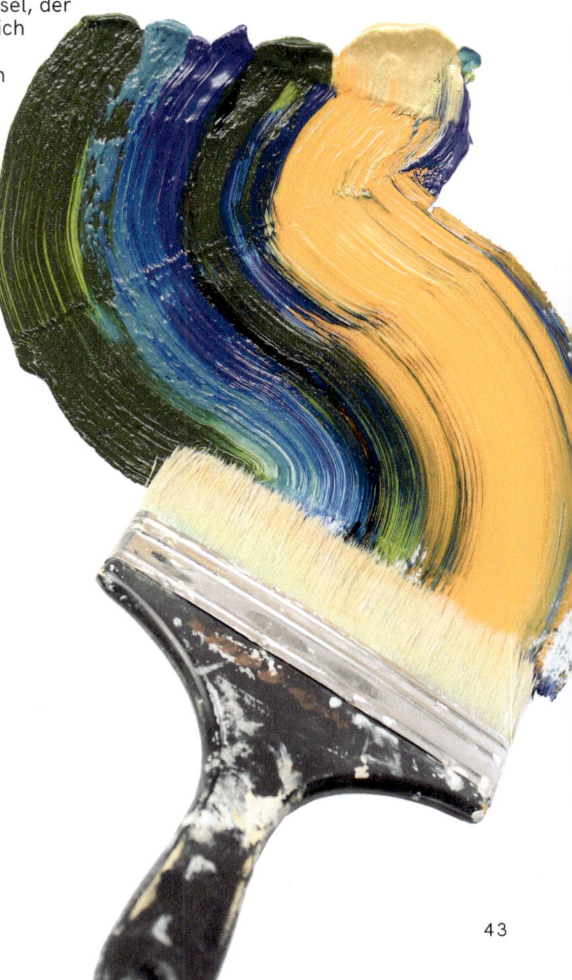

TEXTUREN SCHAFFEN MIT IMPASTO-TECHNIK

Gegenüberliegende Seite: Paul Norwood, *Beach Read*, Acryl auf Leinwand, 2018

Das Impasto ist eine altbewährte Maltechnik, bei der die Farbe in dicken Schichten aufgetragen wird, um markante Strukturen zu schaffen. Normalerweise ist die Technik der Ölmalerei vorbehalten, doch mit Acrylfarben ist sie genauso effektiv, wie Paul Norwoods lebhafte Strandszene auf der gegenüberliegenden Seite zeigt. Tatsächlich bietet Acrylfarbe zwei entscheidende Unterschiede: eine kürzere Trocknungszeit und ein kleineres Risiko, dass sich Risse bilden oder sich die Leinwand verzieht.

Verwenden Sie bei dieser Technik Heavy-Body-Farben, denn die sind fast so dickflüssig wie Ölfarbe. Sie können Ihren Farben auch ein Heavy-Body-Gel (siehe Seite 13) hinzufügen, um für eine festere Konsistenz zu sorgen, sodass jeder Pinselstrich und jeder sich abhebende Grat auch wirklich erhalten bleibt, als hätten Sie sie plastisch geformt. Ein weiteres dreidimensionales Element schaffen Sie, indem Sie Pinsel mit festeren Borsten benutzen, mit denen Sie die Farben um größere Flächen herumschieben.

Das Impasto ist eine sehr taktile und intuitive Technik, mit der sich mühelos expressive Resultate erzielen lassen. Für figurative Bilder sollten Sie jedoch zuerst die verschiedenen Bereiche mit den Lokalfarben oder Farbtönen auf der Leinwand umreißen, damit Sie sich weniger Gedanken um Proportionen oder Tiefenwirkungen machen müssen.

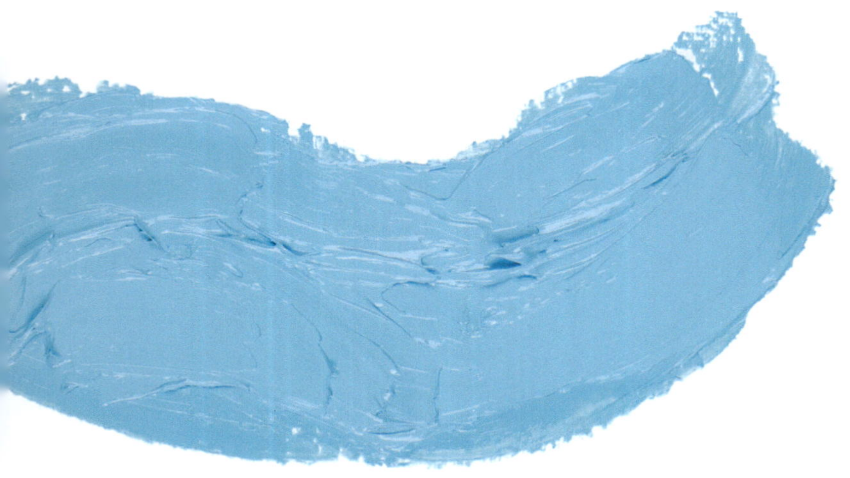

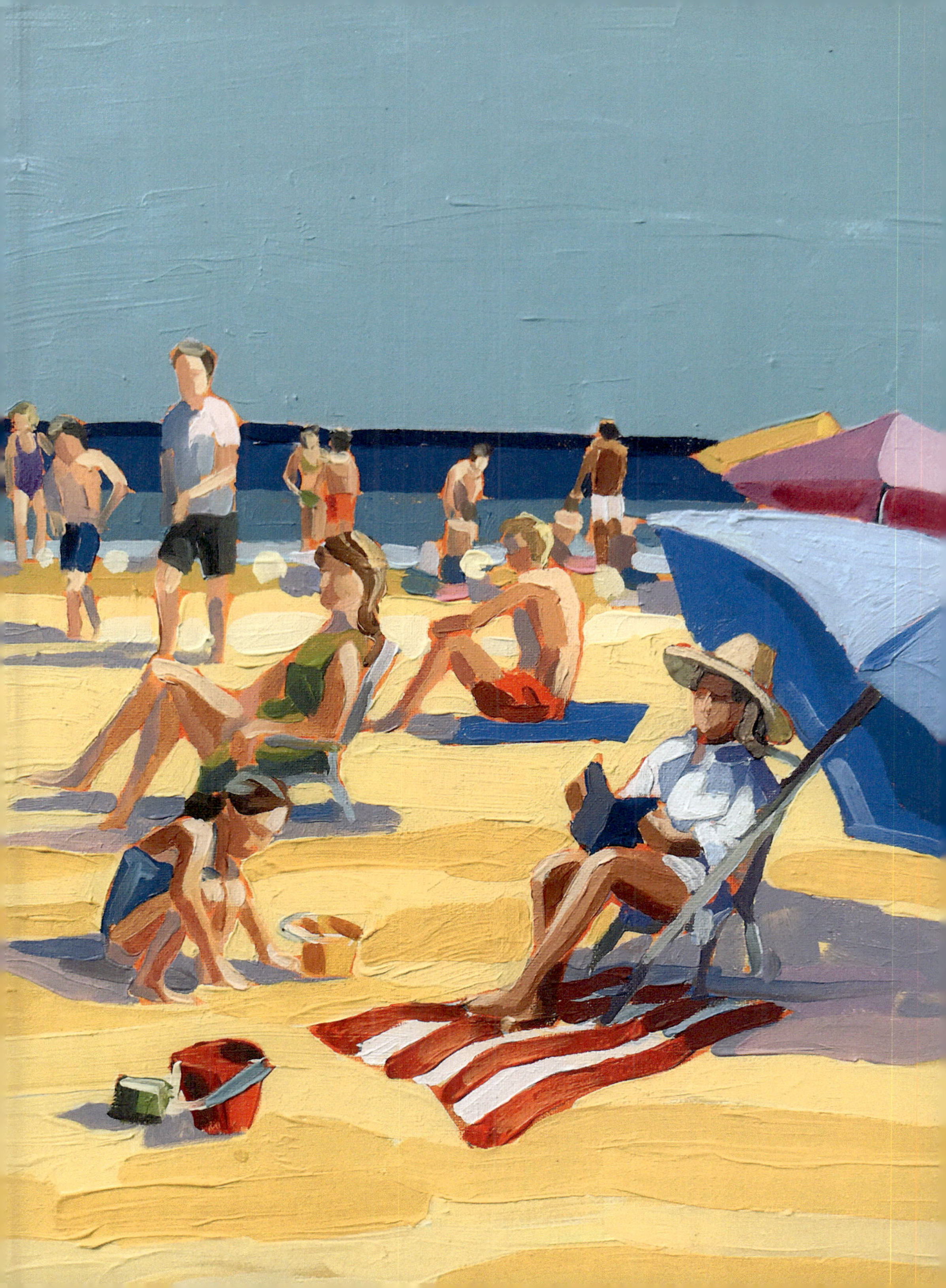

IMPASTO MIT DEM MALMESSER

Gegenüberliegende Seite: Dan Henderson, *Hattie's Lobster*, Acryl auf Bristolkarton, 2017

Acrylfarbe wird oft mit einem Pinsel aufgetragen. Warum aber nicht einmal ein Malmesser benutzen, um etwas Neues auszuprobieren und andere Effekte zu erzielen? Mit einem solchen Messer lassen sich, wenn die Konsistenz der Farbe dick genug ist, pastose Schichten (siehe Seite 44) aufziehen. Um eine texturbetonte Komposition wie die von Dan Henderson auf der gegenüberliegenden Seite zu gestalten, ist es einfacher, mit einer wirklich zähflüssigen Farbe zu arbeiten: optimal wäre eine Heavy-Body-Farbe oder eine Farbe, die mit Heavy-Body-Gel angedickt wurde.

Ist der Malgrund vorbereitet - Holz eignet sich übrigens sehr gut für diese Technik (siehe Seite 84) -, können Sie die Farbe direkt mit dem Messer auftragen. Bearbeiten Sie die Farben nicht zu lange, da sie sich sonst vermischen und Schattierungen hinterlassen. Ziehen und falten bzw. drücken und schieben Sie die Farbe mit flinken Bewegungen, um kräftige, dynamische Striche zu erzeugen.

Malmesser sind in vielen verschiedenen Größen erhältlich. Wählen Sie daher eines, das am besten zu Ihrem künstlerischen Schaffen passt.

SELBST AUSPROBIEREN

Spuren hinterlassen

Hinterlassen Sie Spuren in Ihrem Bild, indem Sie das Malmesser in die Farbe hineindrücken: entweder flach gegen den Malgrund oder mit der Kante.

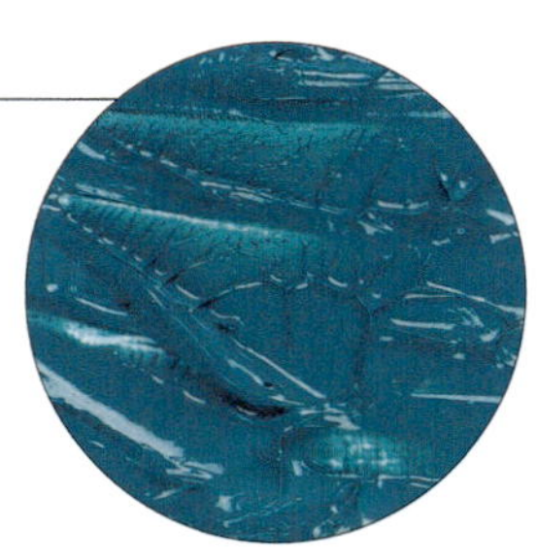

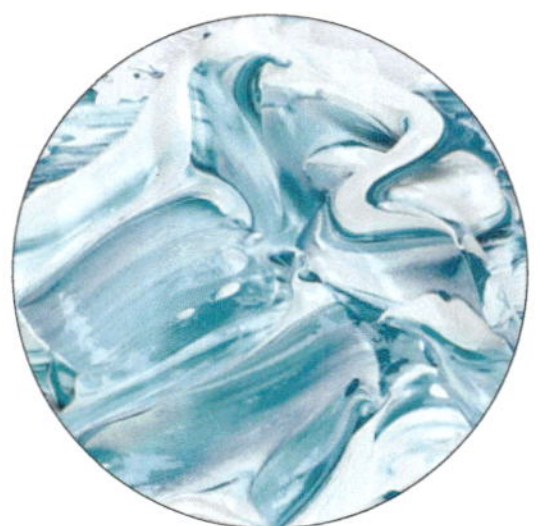

Marmorierung

Erzeugen Sie einen Marmoreffekt, ohne die Farben gänzlich zu vermischen, sondern indem Sie einzelne Farbabschnitte in schnellen Bewegungen übereinander ziehen, dabei aber das Malmesser nicht in die Farben hineindrücken.

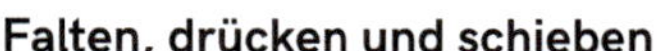

Falten, drücken und schieben

Falten, drücken und schieben Sie die Farben, wenn diese sich frei und willkürlich kombinieren und den Eindruck von Bewegung vermitteln sollen.

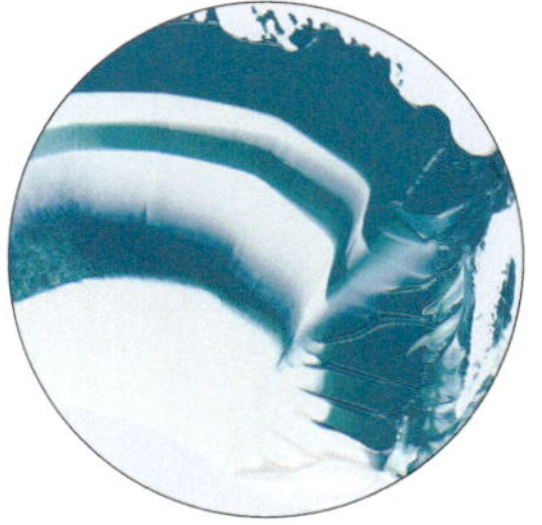

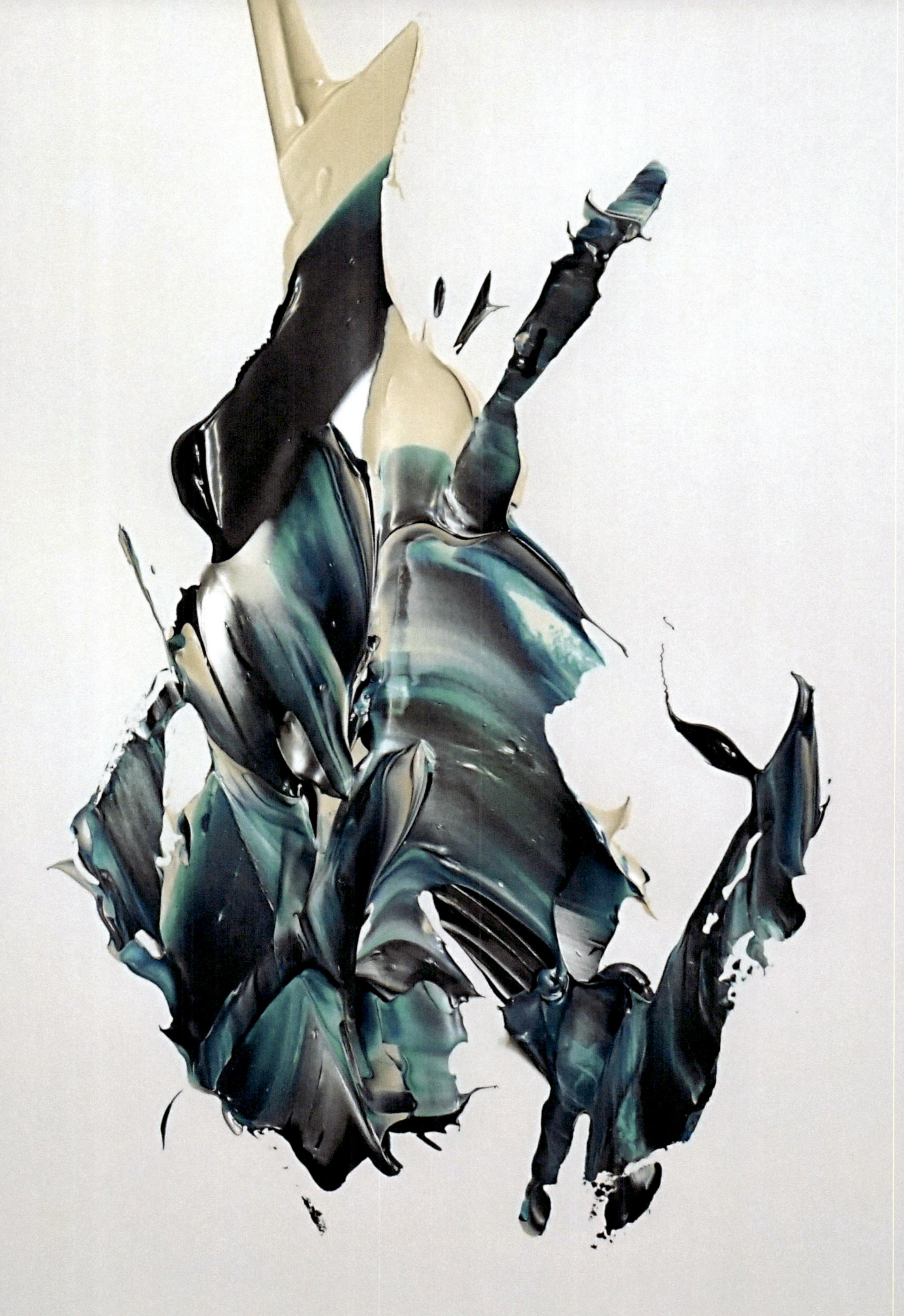

SGRAFFITO

Bei der Sgraffito-Technik kratzen Sie in die feuchte Farbschicht, um den darunter liegenden Malgrund freizulegen. Diese Technik eignet sich für die figurative Malerei, um Details in Pflanzen oder Blättern anzudeuten, wie es beispielsweise Kathryn Macnaughton in der gegenüberliegenden Arbeit gemacht hat. Das Sgraffito kann aber noch abstrakter eingesetzt werden, um ein Bild expressiver zu gestalten und es mit Bewegung zu füllen. Das Entfernen der Farbe kann daher eine genauso wirksame Technik sein wie ihr Auftragen.

Sgraffito-Effekte lassen sich entweder mit Soft- oder Heavy-Body-Farbe und mit jedem Werkzeug erzielen, das Kratzer in der Farbfläche hinterlässt: von einer Kaltnadel über die Spitze eines Pinsels bis hin zu einer Gabel.

SELBST AUSPROBIEREN

Tragen Sie eine oder mehrere Farbschichten als Hintergrund auf. Sobald dieser trocken ist, legen Sie eine farbige Deckschicht darüber und beginnen, noch bevor die Farbe trocknet, mit dem Werkzeug Ihrer Wahl in die Schicht hineinzukratzen.

Kreuzschraffur

Verwenden Sie eine Kaltnadel, um dünne, parallel laufende Kratzer einzuarbeiten, danach durchkreuzen Sie diese mit rechtwinklig verlaufenden Linien. Diese Technik ist typisch für Kupferstiche und Radierungen und eine effektive Methode, um Schatten und Volumen zu erzeugen.

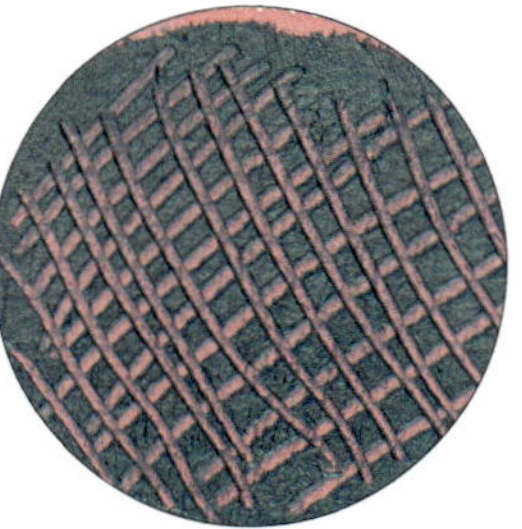

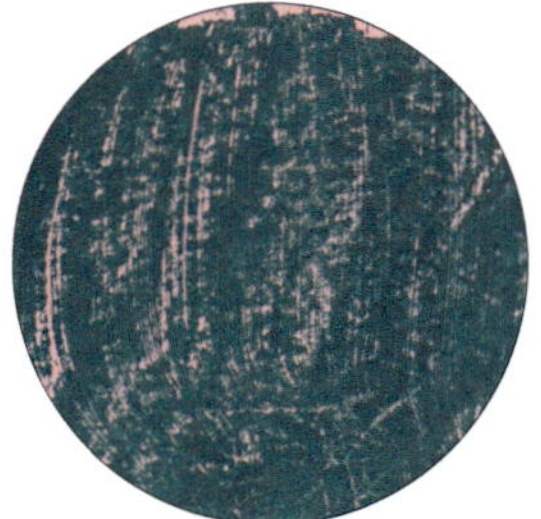

Verkratzen der gesamten Oberfläche

Kratzen Sie die obere Farbschicht mit einem großen Werkzeug ab, z. B. mit einem Malmesser, bis nur noch ein dünner Farbschleier übrig ist.

Entfernen und Abheben der Farbe

Ziehen Sie einen Aquarell-, einen wasserlöslichen Grafit- oder Kohlestift über die feuchte Farbe, um sie teilweise vom Untergrund abzuheben. Die Stifte lösen sich ebenfalls teilweise auf und hinterlassen dunkle Spuren rund um die Kratzer.

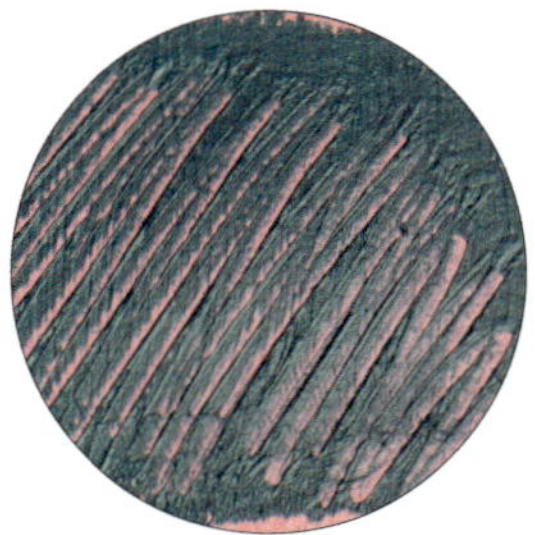

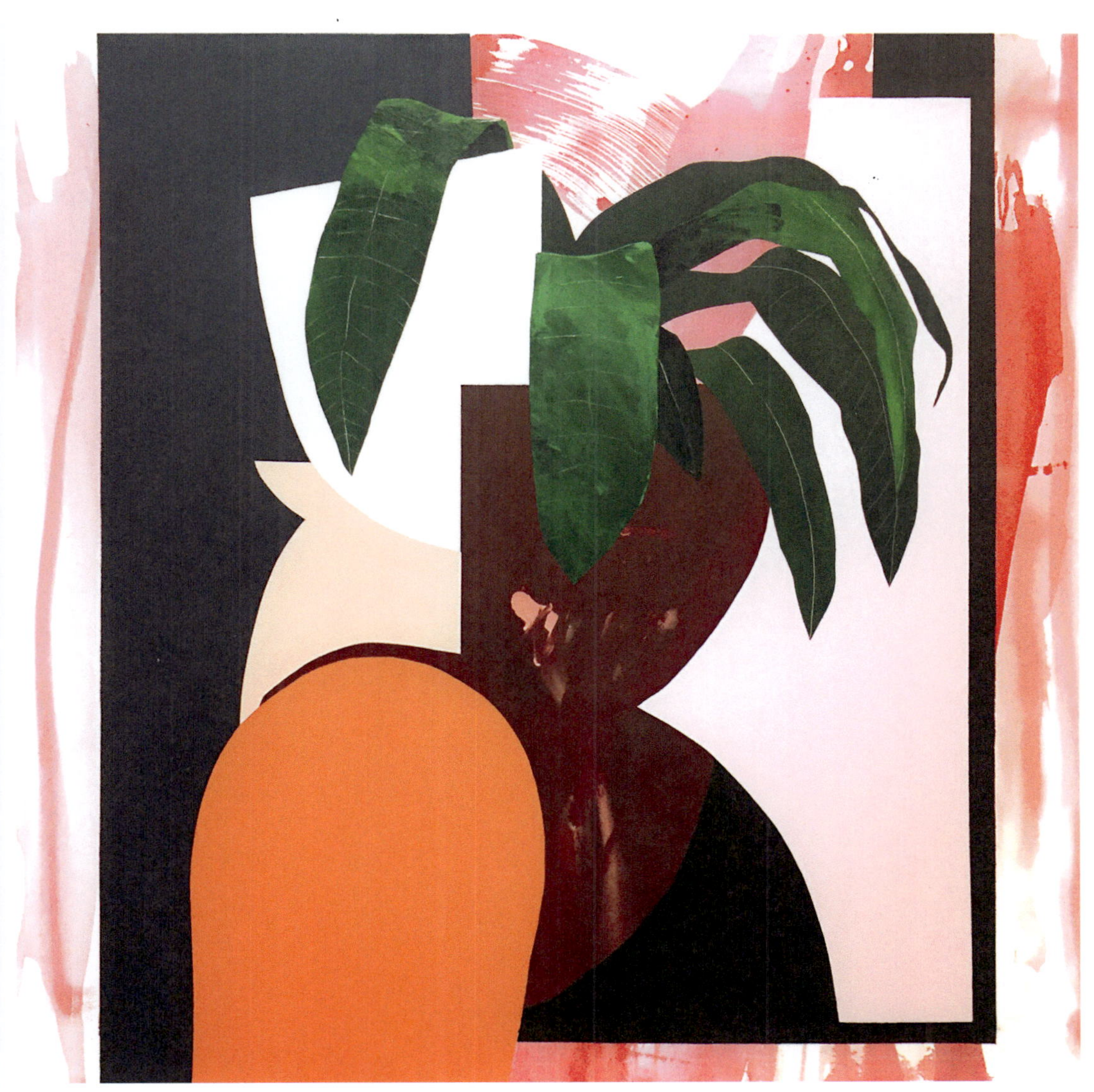

Kathryn Macnaughton, *Bounty Hunter*, Acryl und Sprühfarbe auf Leinwand, 2017

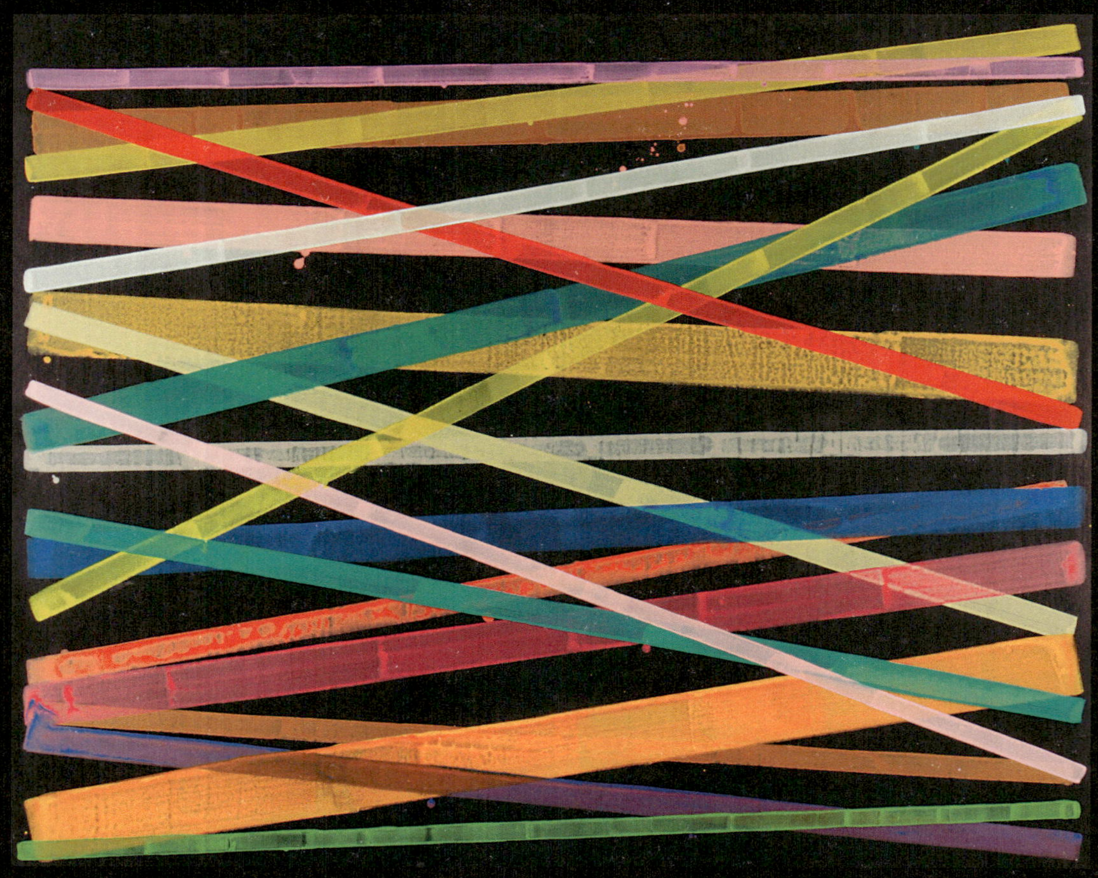

Marta Marcé, *Mikado 21*, Acryl auf Leinwand, 2007

DIE GESTALTUNG TRANSPARENTER SCHICHTEN

Acrylfarbe hat im Allgemeinen zwar eine stärkere Deckkraft als Aquarellfarbe, doch lassen sich mit der richtigen Technik leuchtende, lichtdurchlässige Farbschleier gestalten. Hier hat die Künstlerin Marta Marcé beispielsweise mit transparenten Schichten ein Werk geschaffen, das voller Energie ist und durch leuchtende Farben besticht.

Sie können zum einen lasierende, das heißt transparente Acryltinte (siehe Seite 9) kaufen. Oder Sie verdünnen Acrylfarbe mit einem Mittel, das die Fließfähigkeit erhöht, oder einem Airbrushmedium, das, anders als Wasser, das Fließvermögen verbessert, ohne die Leuchtkraft der Farbe zu beeinträchtigen. Achten Sie nur darauf, dass Sie die Farbe nicht zu sehr verwässern. Denn Sie wollen eine transparente Lasur mit einer flüssigen, aber festen Beständigkeit, und keine gänzlich flüssige Lasur.

Der richtige Malgrund ist ebenfalls wichtig für diese Technik. Es ist einfacher, flüssige Lasuren mit Acryl auf eine Leinwand aus roher Baumwolle aufzutragen als auf grundiertes Leinen, das wasserabweisend ist.

SELBST AUSPROBIEREN

Klar abgegrenzte Linien gestalten

Tragen Sie mit einem weichen Pinsel und einer schnellen, leichten Berührung einen Farbstrich auf. Warten Sie, bis er trocken ist, tragen Sie dann den nächsten auf.

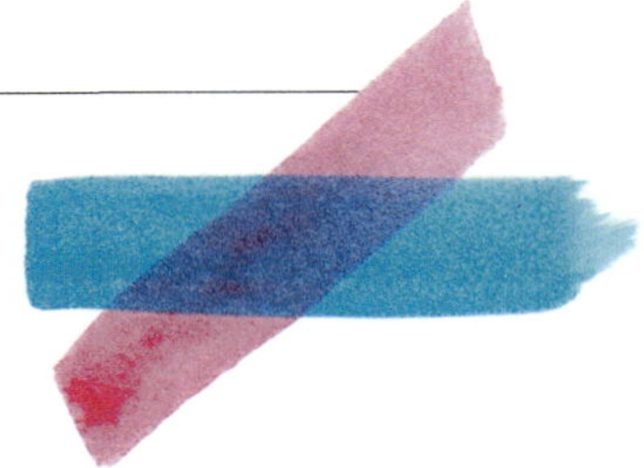

Ränder verwischen

Alternativ können Sie die zweite Schicht auch über die erste legen, während sie noch feucht ist, sodass die Ränder verschwimmen.

Struktur geben

Wenn Sie den Farben an bestimmten Stellen etwas Struktur verleihen wollen, tönen Sie etwas Soft-Body-Gel mit ein wenig Farbe und tragen es mit einem Pinsel auf, der etwas steifere Borsten hat. Das trägt ebenfalls dazu bei, dass sich die Farben nicht vermischen.

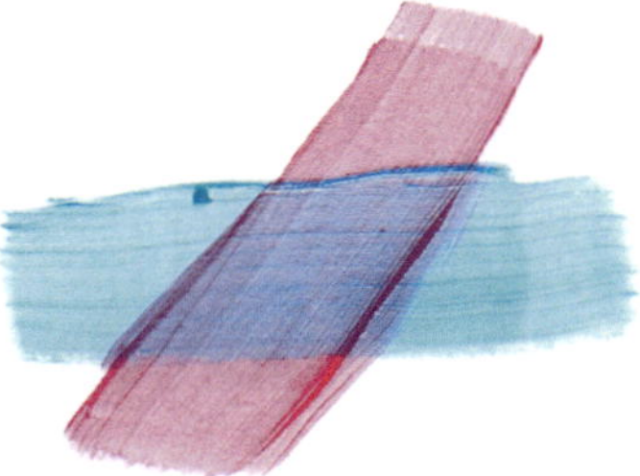

TIEFENWIRKUNG DURCH FARBSPUREN UND -MUSTER

Die Kombination mehrerer Techniken, um unterschiedliche Spuren in ein und demselben Werk zu hinterlassen, ist sehr effektiv, um einem Bild Tiefe zu verleihen und es noch interessanter zu machen. Durch das Auftragen von Acrylfarbe mit Pinseln, Schwämmen, Wattestäbchen, Tüchern, Farbwalzen, Netzen und dergleichen können Sie alle möglichen Formen und Strukturen kreieren, die den Blick auf verschiedene Bereich Ihrer Komposition lenken.

Die Verwendung mehrerer Acrylfarben mit jeweils unterschiedlicher Konsistenz ermöglicht sogar eine noch größere Bandbreite an Farbspuren: von verschwommenen Formen, die an die Trockenpinseltechnik erinnern, bis hin zu den Tropfen mit Fluid-Acrylfarbe, die in dem Bild unten die Bäume repräsentieren. Sie können auch stark deckende Farbmuster mit transparenteren Formen kontrastieren - die ganze Welt der Farbmuster liegt Ihnen zu Füßen!

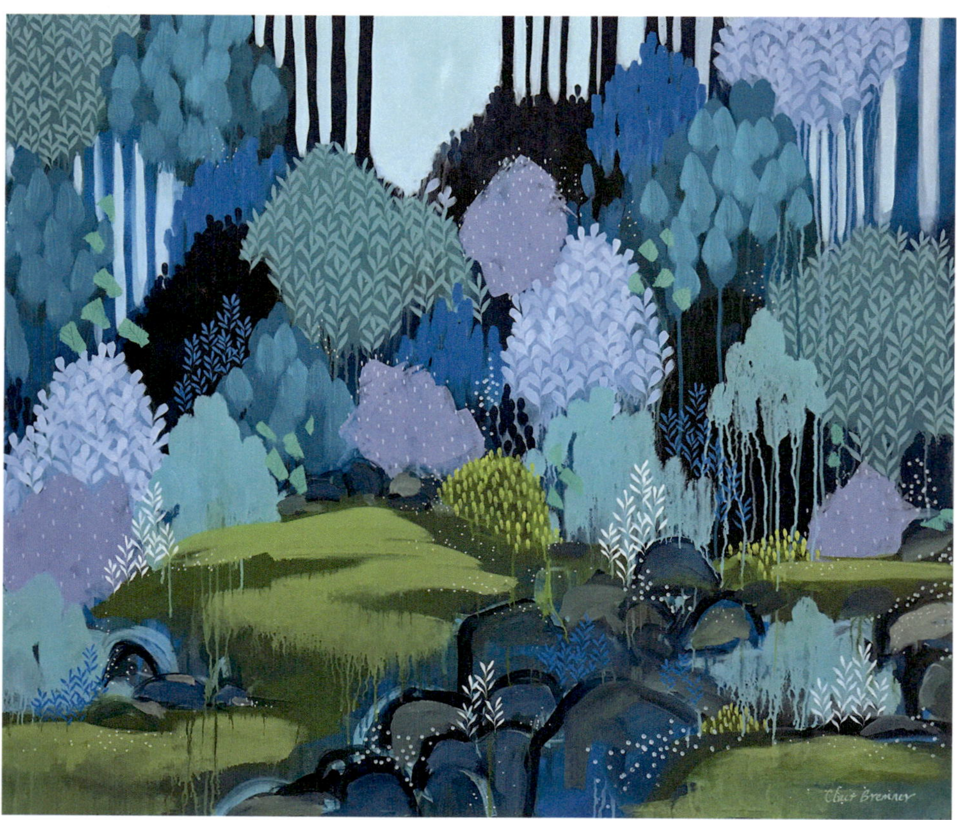

Clair Bremner, *Farewell Winter*, Acryl auf Leinwand, 2018

1. Gestalten Sie einen Hintergrund, indem Sie eine feste Schicht gleichmäßig verteilter Farbe auftragen.

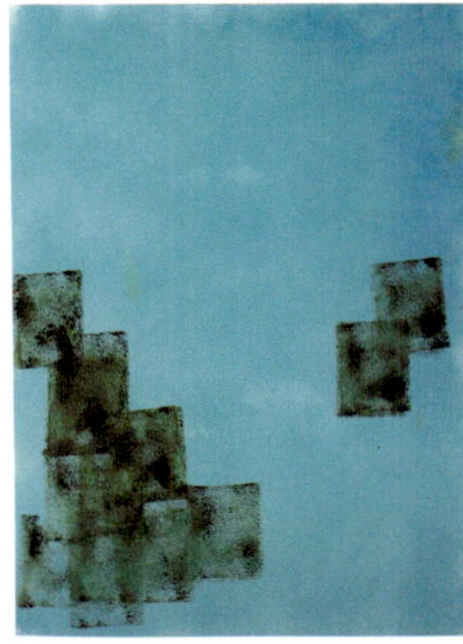

2. Sobald die Schicht trocken ist, nehmen Sie die Acrylfarbe Ihrer Wahl und tragen mit einem Schwamm oder einer Walze dunkle Farbfelder auf. Sie können diesen Vorgang an verschiedenen Stellen zur Gestaltung Ihrer Muster wiederholen.

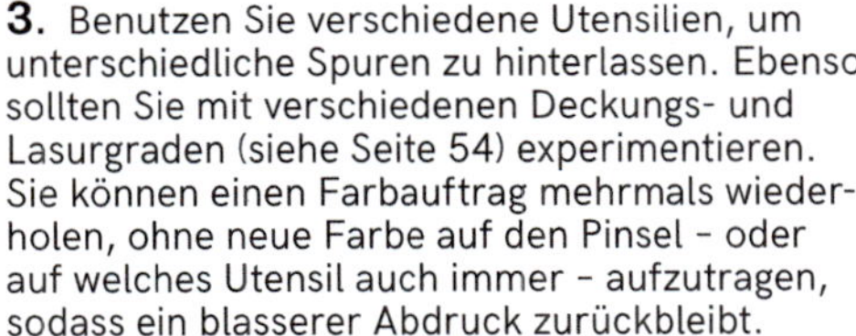

3. Benutzen Sie verschiedene Utensilien, um unterschiedliche Spuren zu hinterlassen. Ebenso sollten Sie mit verschiedenen Deckungs- und Lasurgraden (siehe Seite 54) experimentieren. Sie können einen Farbauftrag mehrmals wiederholen, ohne neue Farbe auf den Pinsel - oder auf welches Utensil auch immer - aufzutragen, sodass ein blasserer Abdruck zurückbleibt.

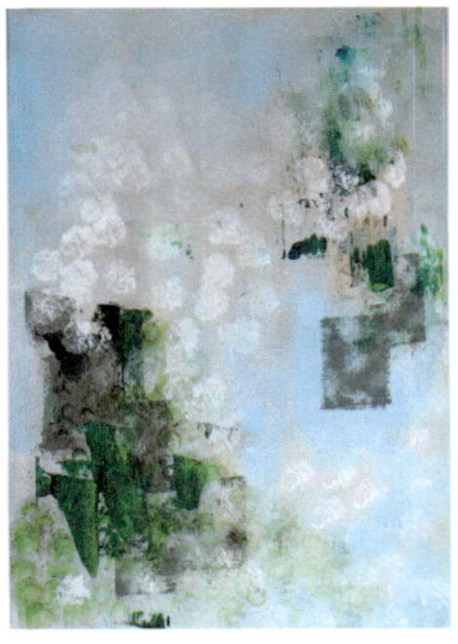

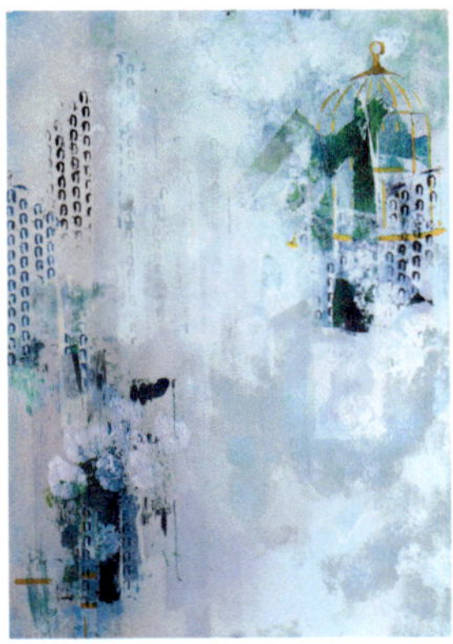

4. Lassen Sie die Farbe trocknen und wiederholen Sie diesen Vorgang über mehrere Schichten, sodass sich einige Abdrücke überlappen oder andere verdrängt werden, wodurch die Illusion von Tiefe entsteht. Dies führt zu einer Abfolge von Farbschleiern und -schichten, die harmonisch zusammenwirken.

DAS LASIEREN

Eine Lasur ist eine dünne, lichtdurchlässige obere Schicht, sodass alles, was darunter liegt, durchscheint. Diese Technik bietet sich an, um einem Bild Wärme zu verleihen, bestimmte Gegenstände oder Figuren in den Vordergrund zu holen - matte Dinge und Personen treten zurück in den Hintergrund - und zarte Farbübergänge zu gestalten, damit das Gemälde realistischer wirkt. Acrylfarbe eignet sich besonders gut für das Lasieren, da sie wesentlich schneller trocknet als Ölfarbe.

Durch das Mischen einer Acrylfarbe mit einem Glanzmittel können Sie die gesamte Oberfläche eines Gemäldes lasieren, um seine Farbe dezent zu verändern. Natürlich steht es Ihnen auch frei, mehrere lasierende Farbschichten während des Malvorgangs aufzubauen.

SELBST AUSPROBIEREN

1. Tragen Sie zunächst eine matte Farbe auf, um Bereiche von Licht und Schatten festzulegen.

2. Als Nächstes hellen Sie diese Basisfarbe mit Weiß oder einem ähnlichen hellen Ton auf. Danach mischen sie ein Glanzmittel hinzu und tragen die Farbe an den Stellen auf, die Lichtreflexe suggerieren sollen.

3. Ist die erste Schicht trocken, tragen Sie die nächste auf. Gehen Sie langsam dabei vor: Es ist besser, mehrere zarte Lasuren aufzutragen als nur wenige dicke. Bauen Sie weitere Lasuren auf, bis Sie mit dem Resultat zufrieden sind.

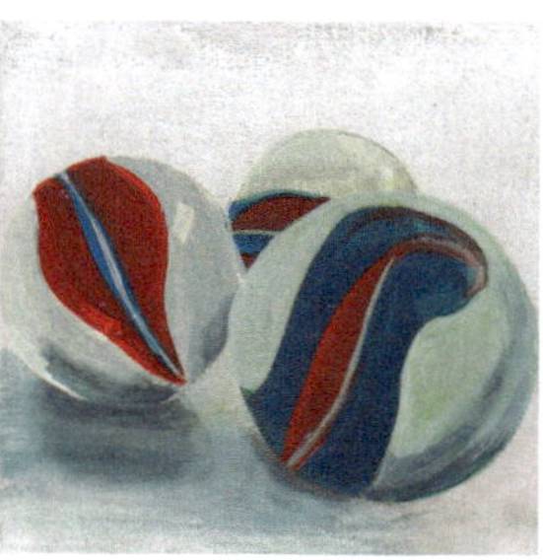

1. Schritt

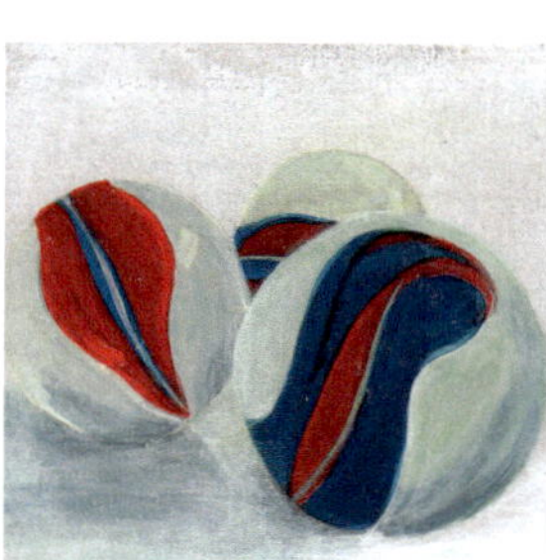

2. Schritt

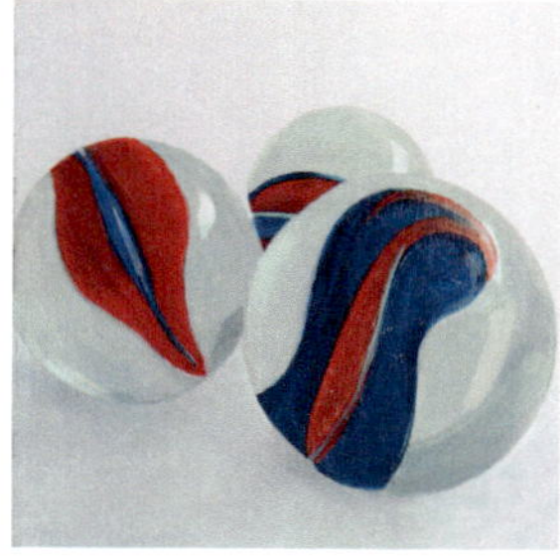

3. Schritt

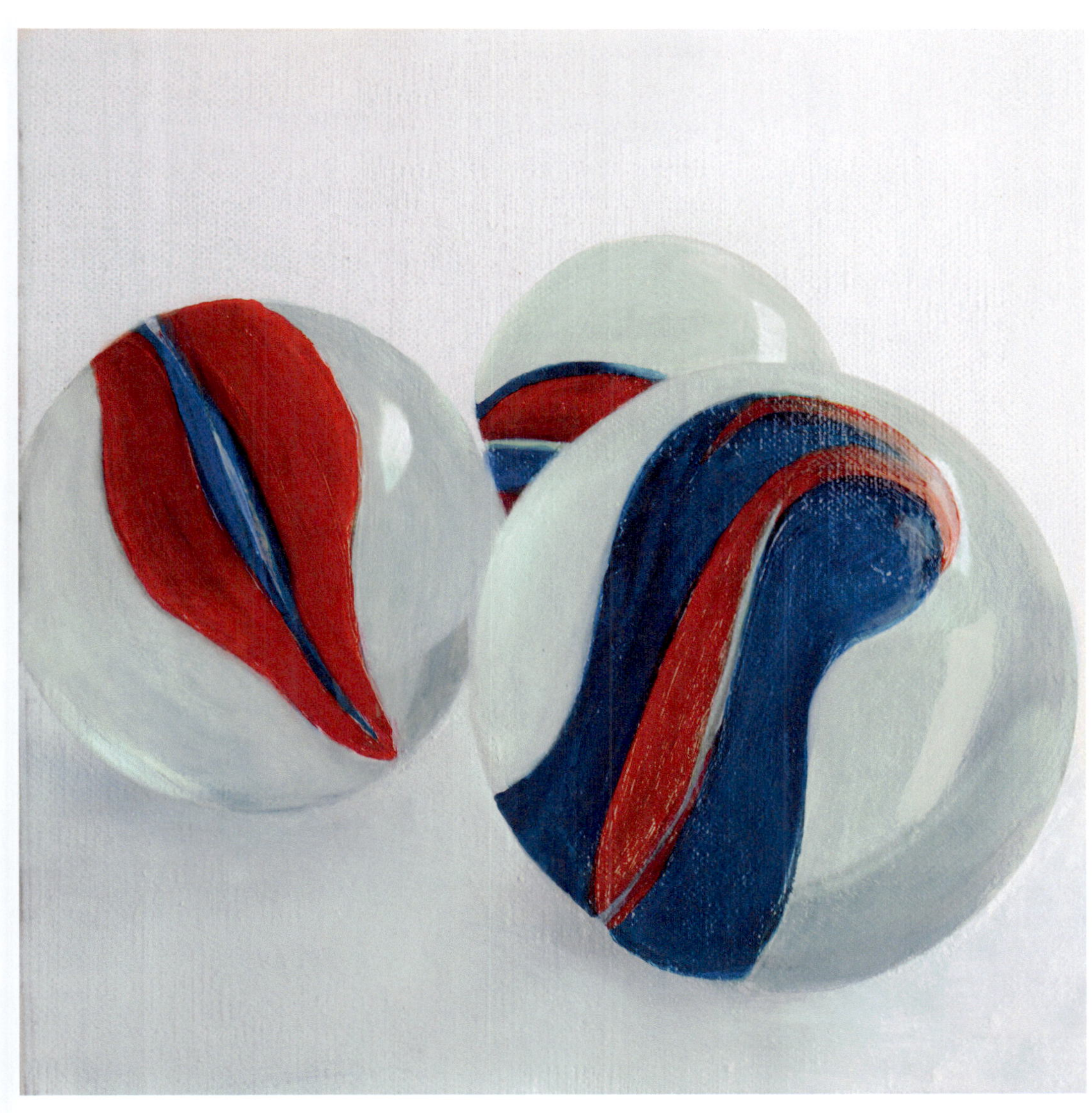

KREATIVITÄT KENNT KEINE GRENZEN

EXPERIMENTE MIT KRAKELIERPASTE

Gegenüberliegende Seite: Fluid-Acrylfarbe, schichtweise über Krakelierpaste aufgetragen, ergibt ein abstraktes Bild mit markanter Textur.

Krakelierpaste ist ein interessantes Malmittel, denn während es trocknet, bilden sich Risse auf der Oberfläche. Die Paste ist daher optimal geeignet, Bilder alt oder verwittert aussehen zu lassen oder den Eindruck von Glasbruch zu erwecken. Größe und Muster der Risse hängen davon ab, wie dick die Paste aufgetragen wird, ob man sie mit Farbe mischt oder nicht, und natürlich spielen auch die äußeren Bedingungen wie Temperatur und Luftfeuchtigkeit eine Rolle. Der Trocknungsprozess der Krakelierpaste ergibt ein halbabsorbierendes, undurchsichtiges und mattes Finish, sodass Sie zusätzlich Lavierungen mit Acrylfarbe auftragen können, um Ihrem Werk Farbe zu verleihen und das Krakelee noch zu verstärken.

Bei dieser Technik empfiehlt es sich, einen starren Malgrund zu verwenden, z. B. einen Malkarton oder eine Leinwandplatte, denn bei einer allzu biegsamen Oberfläche könnte die Paste abbröckeln. Beachten Sie auch, dass Krakelierpaste während des Trocknens etwas zusammenschrumpft. Sie können daher nicht genau vorhersagen, wie das endgültige Resultat aussehen wird. Wenn Sie bestimmte Effekte oder Ergebnisse reproduzieren möchten, dann machen Sie sich Notizen zu Ihren Arbeitsbedingungen. Dadurch können Sie am besten kontrollieren, wie die Paste unter bestimmten Voraussetzungen reagiert.

SELBST AUSPROBIEREN

1. Bereiten Sie Ihren Malgrund vor. Für einen noch besseren Effekt tragen Sie zunächst eine farbige Grundschicht und, wenn sie trocken ist, die Krakelierpaste mit einem Malmesser auf. Die Basisfarbe kommt überall dort zum Vorschein, wo die Paste Risse bildet.

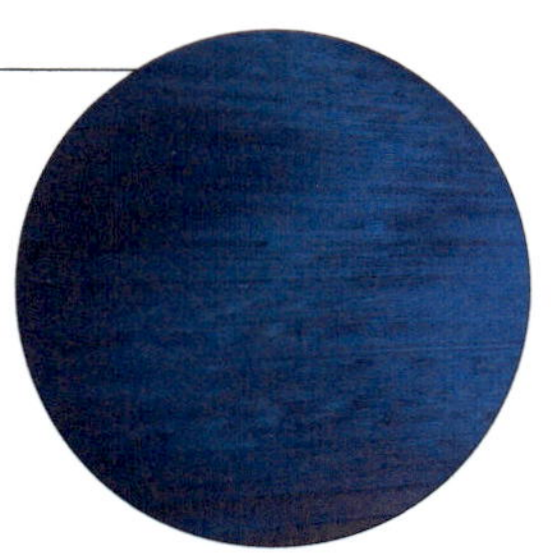

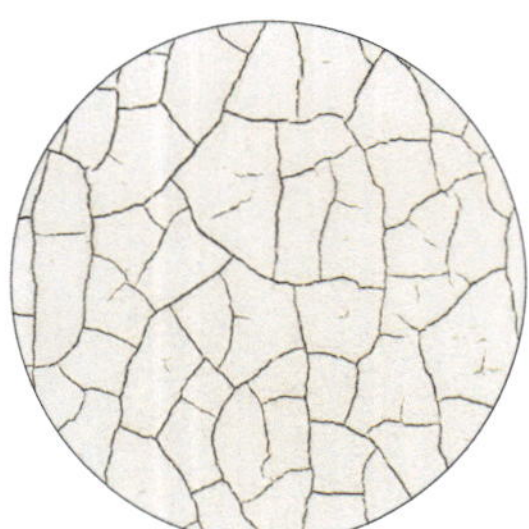

2. Risse bilden sich meist in derselben Richtung, in der Sie die Paste mit dem Messer bearbeiten. Tragen Sie die Masse daher in einer wirbelnden Bewegung auf, damit die gesamte Oberfläche rissig wird. Danach über Nacht oder noch länger trocknen lassen, falls es schwül, feucht oder kalt ist.

3. Ist die Krakelierpaste vollständig getrocknet, können Sie Farbe in dünnen Lavierungen auftragen, sodass es scheint, als verliefe sie willkürlich wie Aquarellfarbe. Sie werden feststellen, dass die trockene Oberfläche eine starke Saugfähigkeit hat. Falls Sie einige Stellen etwas aufhellen oder die Farbintensität abschwächen möchten, tupfen Sie die Farbe mit einem Papiertuch ab.

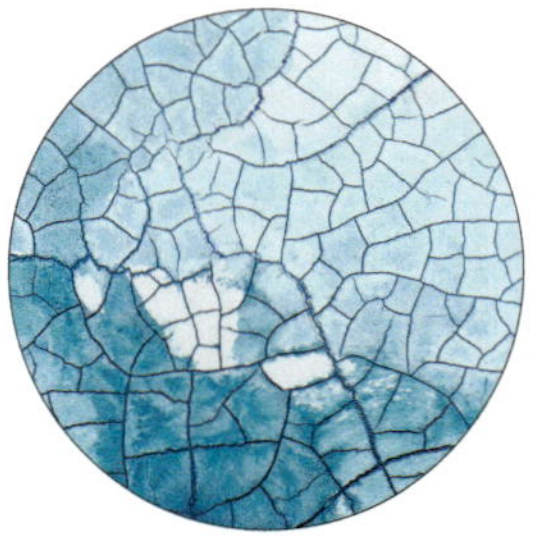

OBERFLÄCHENSTRUKTUREN KREIEREN MIT MODELLIERPASTE

Gegenüberliegende Seite: Leichtstrukturpaste wurde mit Soft-Body-Acrylfarbe kombiniert und auf eine Leinwandplatte aufgetragen. Das Resultat ist eine solch detailreiche Arbeit.

Modellierpaste, auch Strukturpaste genannt, hat eine dicke Konsistenz, mit der sich unterschiedliche malerische und haptische Texturen in einem Bild erzeugen lassen. Sie können die Paste mit Acrylfarbe mischen, ohne dass dabei die Deckkraft der Farbe verloren geht.

Modellierpasten sind in verschiedenen Dichten erhältlich: leicht, normal und grob. Leichtstrukturpaste hat eine weiche und luftige Textur, mit der sich plastische Elemente einarbeiten lassen, ohne das Gewicht Ihres Werkes zu erhöhen. Grobe Strukturpaste hat eine dicke, wachsähnliche Konsistenz und trocknet zu einer matten und deckenden Oberfläche. Sie hat eine höhere Dichte als andere Modellierpasten, und sobald sie trocken ist, kann sie geschliffen oder mit Werkzeugen geritzt oder gekratzt werden. Normale Modellierpaste liegt hinsichtlich ihrer Konsistenz zwischen den beiden anderen.

Modellierpaste kann auf jede starre Oberfläche mit einem Malmesser aufgetragen werden. Sie können die Paste vor dem Auftragen einfärben oder warten, bis sie getrocknet ist, und übermalen sie dann, um helle, satte Farben zu erhalten. Denken Sie daran, dass die Paste während des Trocknungsprozesses etwas zusammenschrumpft und etwa ein Drittel ihrer Relieftiefe einbüßt.

SELBST AUSPROBIEREN

Muster gestalten

Tragen Sie die Modellierpaste auf eine Leinwandplatte auf und bringen Sie die Masse mit einem Malmesser in Form. Drücken Sie mit der Messerkante Muster in die Paste.

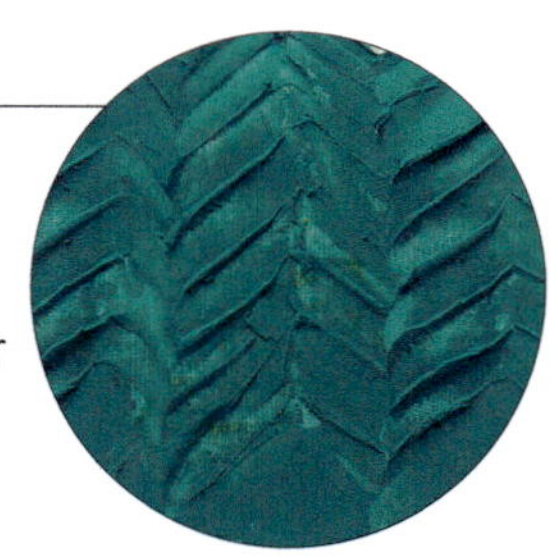

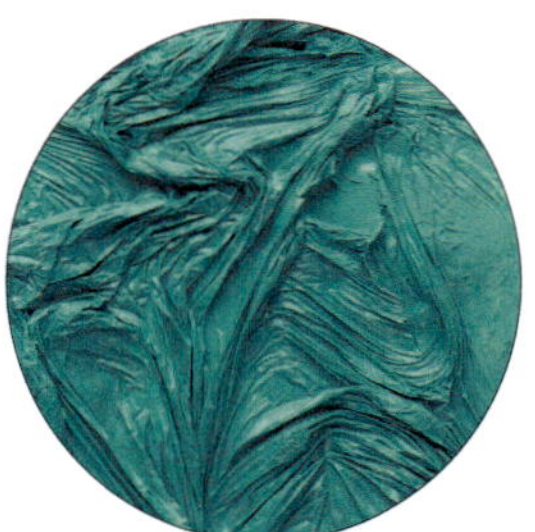

Falten erzeugen mit Folie

Eine dicke Schicht Leichtstrukturpaste auftragen und mit Frischhaltefolie abdecken, solange die Masse noch feucht ist. Ziehen und bewegen Sie die Folie um die Paste herum, sodass sich Falten darauf abzeichnen. Wenn Sie mit dem Ergebnis zufrieden sind, entfernen Sie die Folie und lassen die Paste trocknen.

Mit einer Spritze arbeiten

Drücken Sie die Paste durch die Öffnung einer großen Spritze. Da die Paste kontrolliert herausläuft, können Sie schnell und einfach vertrackte Strukturen und Muster kreieren.

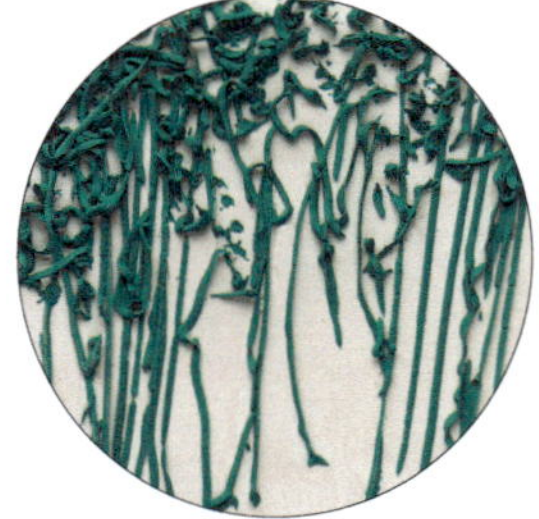

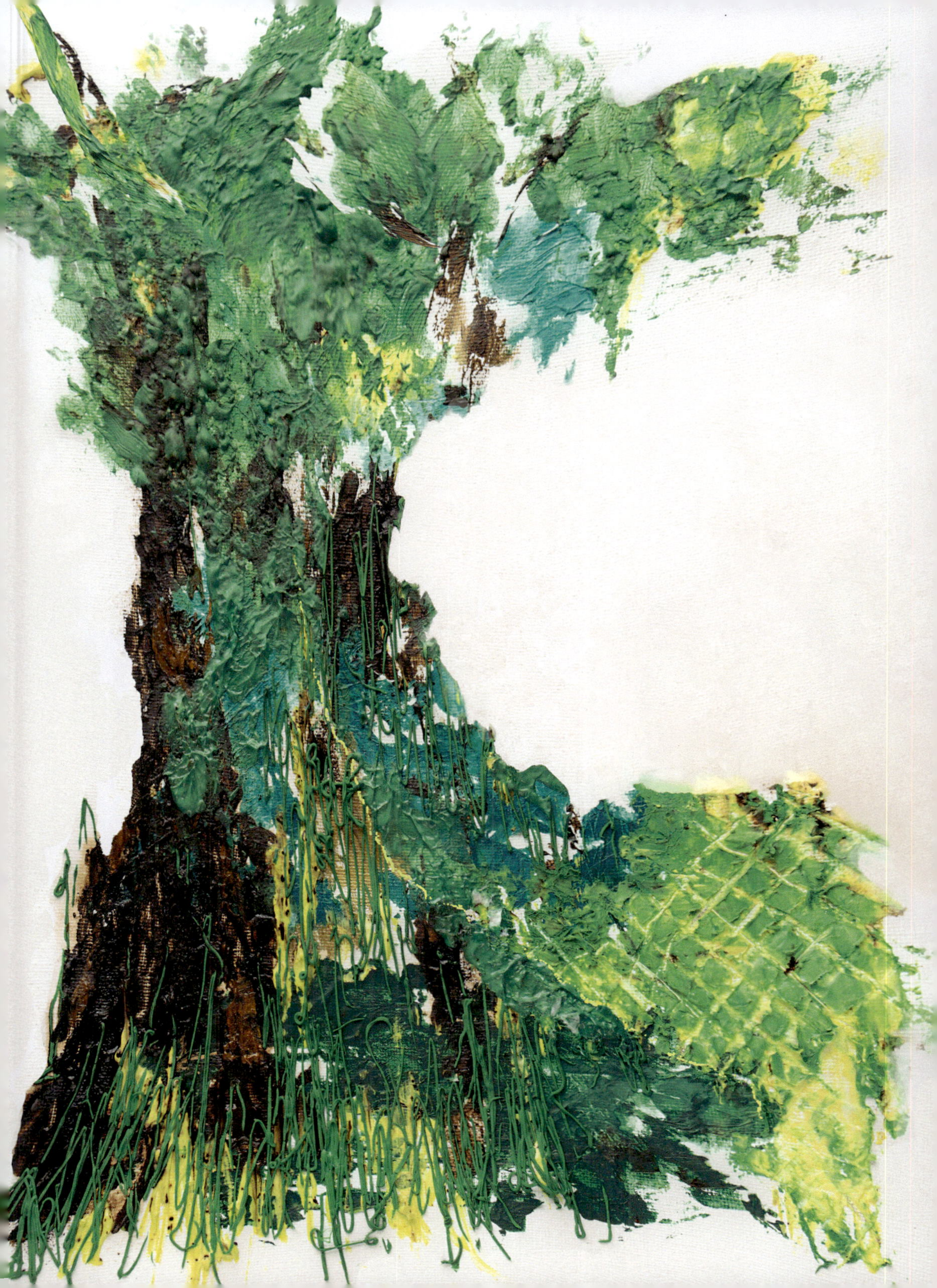

ACRYL UND COLLAGEN

Da Acrylfarbe sehr vielseitig ist, eignet sie sich optimal für Collagen, z. B. als Kleber, um Papierschichten zusammenzukleben - wie es der Künstler Jesús Perea in der Arbeit auf der gegenüberliegenden Seite getan hat. Sie können sie auch mit anderen Acrylmedien wie Krakelierpaste (siehe Seite 58) oder mit Glasperlen kombinieren, um Effekte in der Oberflächenstruktur zu gestalten. Die Kombination von Acrylfarbe mit Collagen funktioniert auf allen Malgründen; die gebräuchlichsten sind jedoch Papier, Zeitungen und Leinwände.

Die schnelle Trocknungszeit der Acrylfarbe ist ebenfalls förderlich für den Aufbau mehrerer Schichten. Nutzen Sie also diesen Vorteil und legen Sie verschiedene Arten von Papier (Seidenpapier, Zeitungspapier, Ausschnitte aus Magazinen und dergleichen) überlappend übereinander und verkleben Sie die einzelnen Schichten mit Acrylfarbe. Sie können auch mit weichem, selbstverlaufendem und gießbarem Acrylgel arbeiten; sie alle trocknen zu einem klaren Film auf.

Weitere Experimentiermöglichkeiten bestehen darin, einige Schichten aufzuschneiden und zu enthüllen, was sich darunter verbirgt. Oder Sie bearbeiten bestimmte Bildabschnitte mit Schleifpapier, um weitere Strukturen zu gestalten. Schließlich können Sie auch zwischen den einzelnen Schichten Ihrer Collage mit sich abwechselnden Farben arbeiten.

Damit sich keine Luftblasen bilden, sollten Sie jede Schicht sachte glattstreichen, bevor Sie die nächste auftragen. Wenn Sie fertig sind, lassen Sie Ihre Arbeit liegend trocknen und legen etwas Schweres obenauf, um alle Schichten zusammenzudrücken.

Gegenüberliegende Seite: Jesús Perea, *Abstract Composition 642*, Mischtechnik, 2015

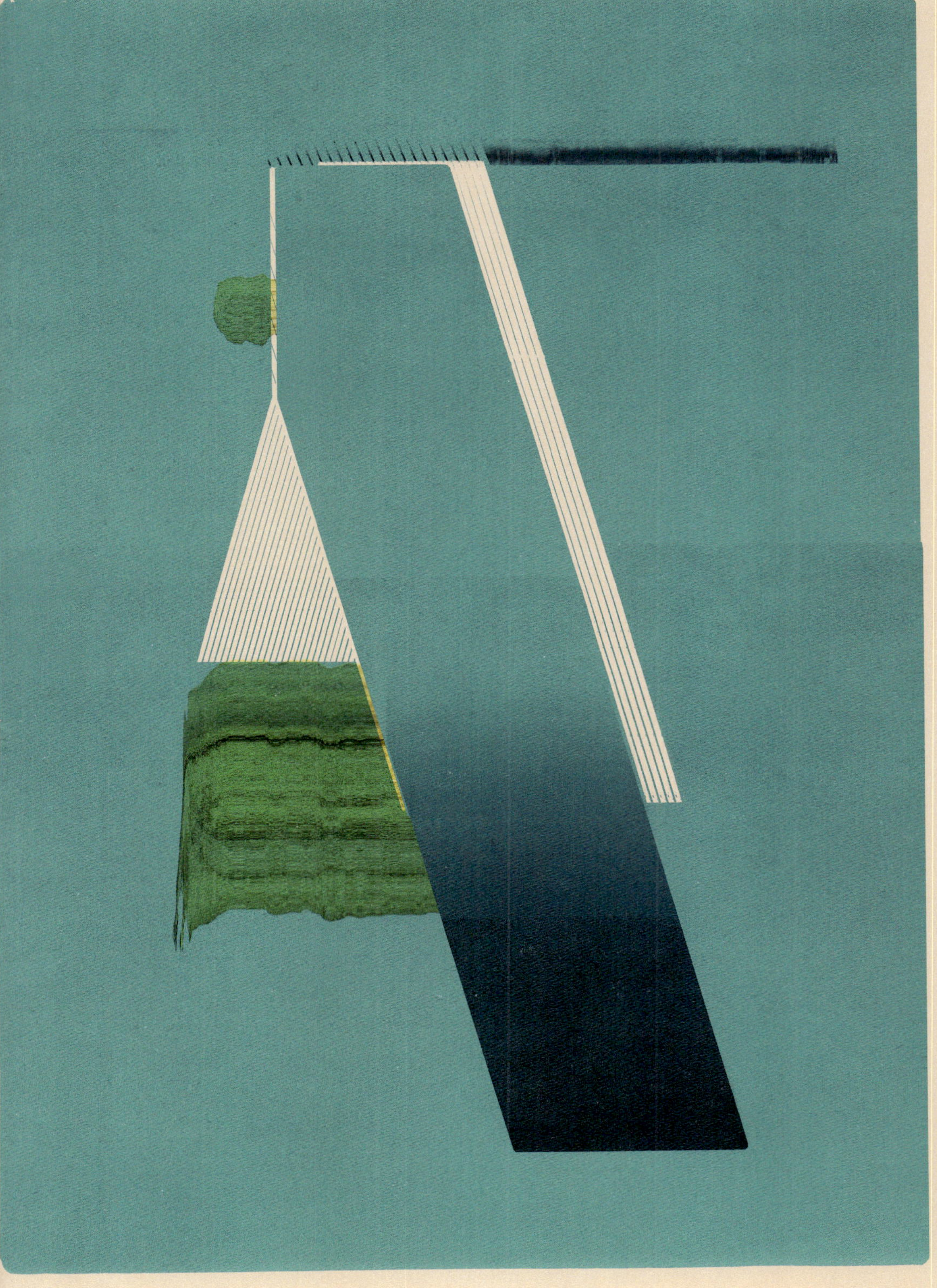

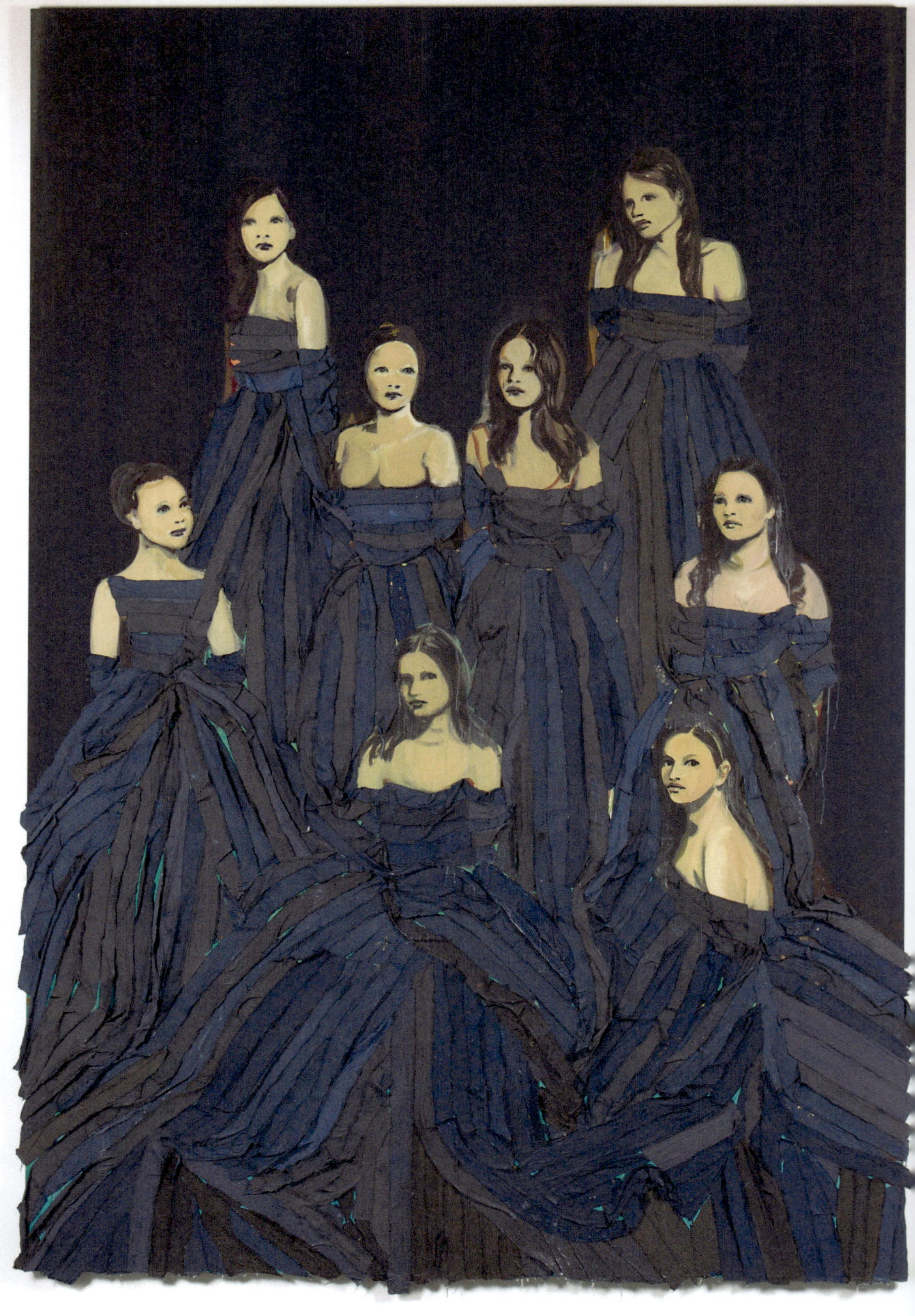

MALEN MIT STOFF

Gegenüberliegende Seite: Claire Tabouret, *Les Débutantes (Dark Blue)*, Acryl und Textilien auf Leinwand, 330 x 230 cm, Privatsammlung, photo@bluntbangs.biz

Die Kombination von Acrylfarbe mit Stoff kann einem Werk eine erstaunliche Oberflächenstruktur verleihen. Weiche, leichte Materialen wie Bänder, Filz oder Spitze eignen sich am besten, da sie sehr elastisch sind und sich auf jedem festen Untergrund - auf einer gut grundierten Leinwand, einem Holzbrett oder auf Metall - leicht formen lassen.

Die Vorbereitung hängt von dem verwendeten Stoff sowie von der Konsistenz der Farbe und dem gewünschten Resultat ab. Wenn Sie beispielsweise die staining-Technik (Seite 38) auf einem leichten Baumwollgewebe anwenden wollen, können Sie es entweder vorher grundieren, ohne dass die Farbe durchsickert. Oder Sie lassen es unbehandelt und beobachten, wie die Farben einsickern und verlaufen. Falls Sie ein strafferes Gewebe, etwa Leinen, und dickflüssigere Farben benutzen, brauchen Sie den Stoff nicht zu grundieren, da die Farbe die Fasern nicht beeinträchtigt.

SELBST AUSPROBIEREN

1. Tragen Sie zunächst eine farbige Grundschicht als Hintergrund für Ihre Komposition und den zu applizierenden Stoff auf.

2. Befestigen Sie den Stoff mit einem Acrylmedium (etwa mit dem Bindemittel GAC 100 oder einem Soft-Gel), denn dies sorgt dafür, dass der Stoff auf dem Malgrund haftet, sobald er trocken ist. Wenn Sie ein Bild schaffen wollen, das sich durch eine auffällige Oberflächenstruktur auszeichnen soll, können Sie auch dicke Farbschichten auftragen und dann Ihre Stoffstücke darauf modellieren und sie nach Belieben nach allen Seiten verdrehen, um eine dynamische Struktur zu schaffen.

3. Sie können farbigen Stoff verwenden - wie z. B. Claire Tabouret in ihrer Arbeit gegenüber - oder bemalen den Stoff, indem Sie sich der Trockenpinseltechnik (siehe Seite 26) bedienen, um die Textur des Gewebes zu betonen. Sie können auch schichtweise dicke Farbstriche im Stil der Impasto-Technik (siehe Seite 44) auftragen. Lassen Sie Ihrer Experimentierfreudigkeit und Kreativität freien Lauf.

MONODRUCKE GESTALTEN

Gegenüberliegende Seite: Hannah Klaus Hunter, *Peach Nandina*, Acryl auf Papier, 2016

Acrylfarben können auch für Drucktechniken verwendet werden, zum Beispiel für die Anfertigung eines Monodrucks. Darunter versteht man einen einmaligen Druck, der entsteht, indem Sie Papier gegen eine bemalte Druckplatte pressen. Da die Platte sich mehrmals bemalen lässt, können Sie Kompositionen aus mehreren Schichten mit starker Tiefenwirkung gestalten. So erzeugte die Künstlerin Hannah Klaus Hunter vier separate Abdrücke, um das Werk auf der gegenüberliegenden Seite zu kreieren.

Sie benötigen dafür eine nichtabsorbierende Platte für das Drucken bzw. von der Sie das Papier abziehen; das kann eine Gelli-Druckplatte oder eine Glasscheibe sein. Außerdem brauchen Sie einen Handroller zum Auftragen der Tinte.

Sollte die Monodrucktechnik, auch Monoprinting genannt, Neuland für Sie sein, können Sie auch normales Druckpapier benutzen. Benetzen Sie das Papier mit etwas Wasser aus einer Sprühflasche, sodass sich die Farbe von der Platte besser auf das Papier übertragen lässt. Achten Sie darauf, dass Sie das Papier nicht zu sehr befeuchten, sonst wird Ihr Druck zu verschwommen.

Sie können Acrylfarben unterschiedlicher Konsistenz für diese Technik verwenden, gleichwohl haben Sie mit langsam trocknenden Farben mehr Zeit, um an ihren Drucken zu arbeiten.

SELBST AUSPROBIEREN

1. Tropfen Sie etwas Farbe auf Ihre Oberfläche und verteilen Sie sie mit dem Handroller, sodass die Fläche gleichmäßig bedeckt ist.

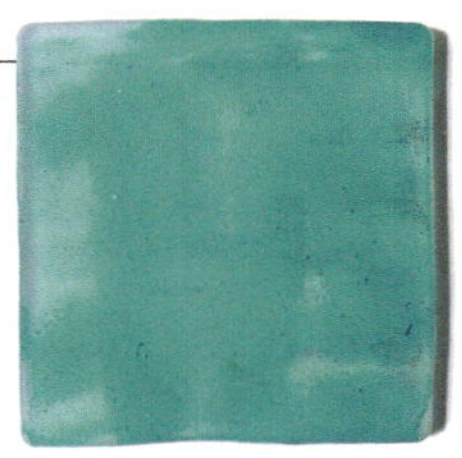

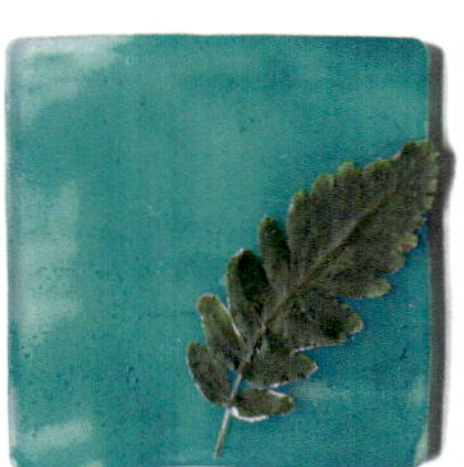

2. Legen Sie Netze, Blätter oder Schnüre - also alles, was eine gewisse Struktur hat - auf die bemalte Fläche. Sie können direkt auf die Platte „zeichnen", indem Sie feuchte Farbbereiche wegwischen, bevor Sie einen Druck abziehen.

3. Legen Sie ein Blatt Papier auf die bemalte Platte und drücken Sie es gleichmäßig auf die gesamte Fläche. Gehen Sie mit einem sauberen Handroller über das Papier, um noch mehr Druck auszuüben, sodass das Papier mehr Farbe aufnehmen kann. Ziehen Sie anschließend das Papier ab - und schon haben Sie einen schönen Monodruck!

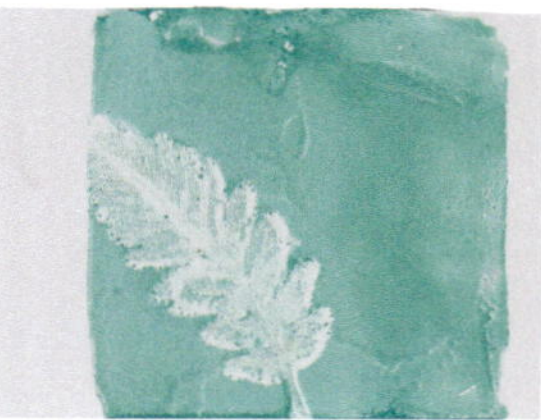

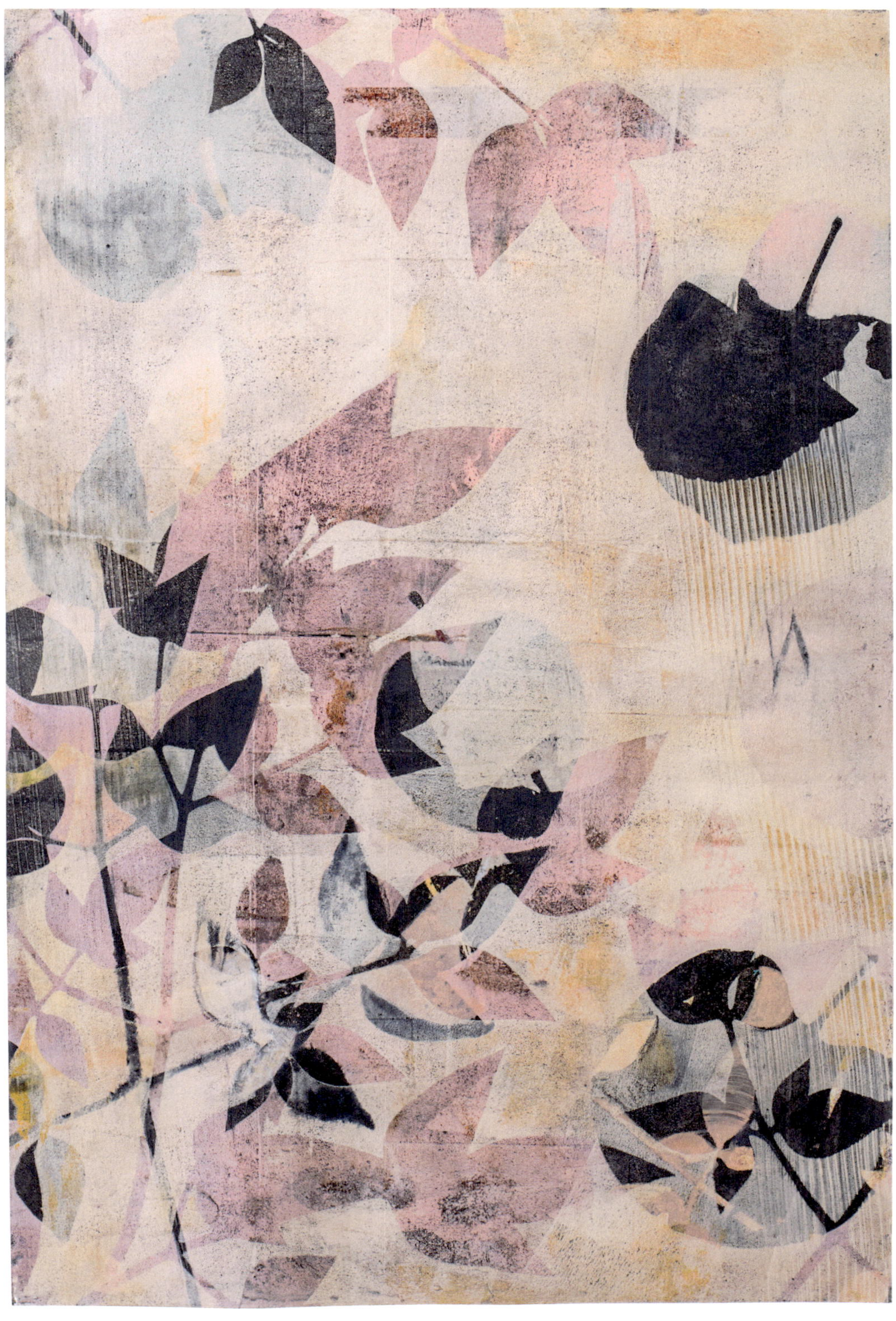

BILDTRANSFER

Gegenüberliegende Seite: Der abgeschlossene Bildtransfer. Beachten Sie, dass das Bild nun seitenverkehrt ist.

Acrylpolymere sind ein Medium, das für transparente und geschmeidige Versiegelungen sorgt, ähnlich einer Kunststofffolie. Damit lässt sich auch eine Art synthetische Haut herstellen, die im Trockenzustand Farben und Bilder wiedergibt. Man spricht dabei von einem einfachen Bildtransfer.

Um beste Resultate zu erzielen, sollten Sie ein Soft-Body-Gel oder ein selbstverlaufendes Medium, etwa ein Gießmittel, als Polymer verwenden. Zum Beispiel wurde in der Arbeit auf der gegenüberliegenden Seite ein Foto auf eine dünne Schicht Soft-Body-Gel übertragen. Das Acryl wird zum Bildträger und zur Oberfläche des Kunstwerks.

Sie sollten bedenken, dass ein Mattierungsmittel Ihrem Bild mitunter ein trübes Aussehen verleihen kann. Glanzmittel hingegen sorgen für ein klares Bild, das, nach dem Transfer und nachdem es getrocknet ist, mit einer matten Firnisschicht überzogen werden kann. Diese Mittel haben im feuchten Zustand eine weiße, milchige Farbe, aber keine Sorge: Sind sie erst einmal getrocknet, sind sie absolut klar.

SELBST AUSPROBIEREN

1. Drucken Sie das Bild oder Foto aus, das sie übertragen möchten. Je dünner das Papier, desto einfacher ist es, das Bild auf das Acrylmedium zu übertragen.

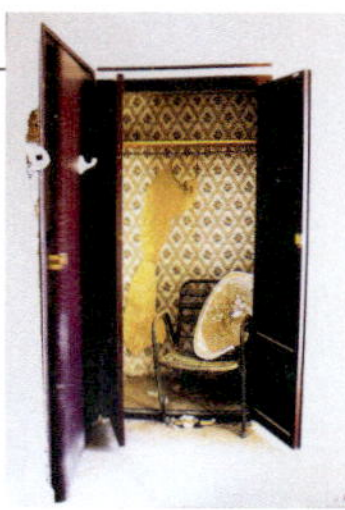

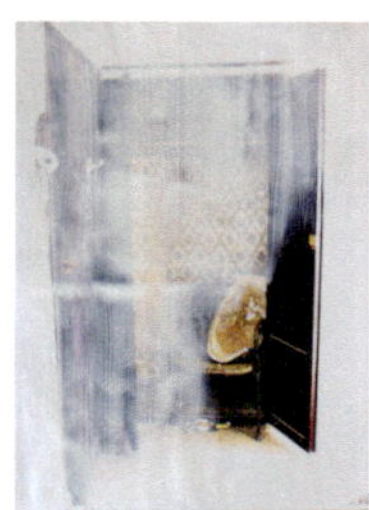

2. Streichen Sie das Bild gleichmäßig mit Soft-Body-Gel ein und lassen sie es trocknen. Wichtig ist, dass sich ein strapazierfähiger Film bildet, von daher wäre es gut, dass Sie diesen Schritt mehrmals wiederholen. Achten Sie darauf, dass jede Schicht gründlich aufgetrocknet ist, bevor Sie die nächste auftragen.

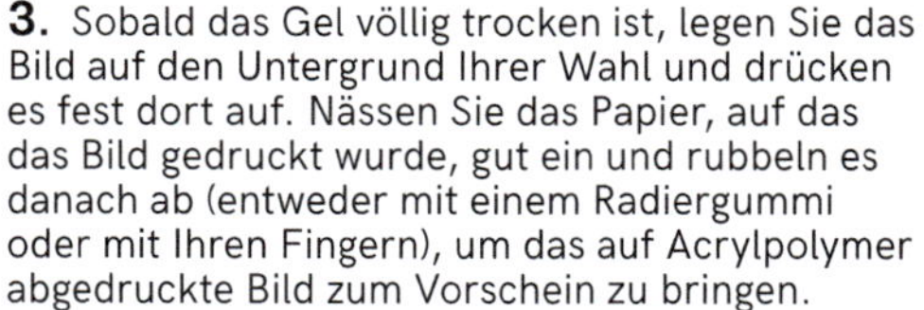

3. Sobald das Gel völlig trocken ist, legen Sie das Bild auf den Untergrund Ihrer Wahl und drücken es fest dort auf. Nässen Sie das Papier, auf das das Bild gedruckt wurde, gut ein und rubbeln es danach ab (entweder mit einem Radiergummi oder mit Ihren Fingern), um das auf Acrylpolymer abgedruckte Bild zum Vorschein zu bringen.

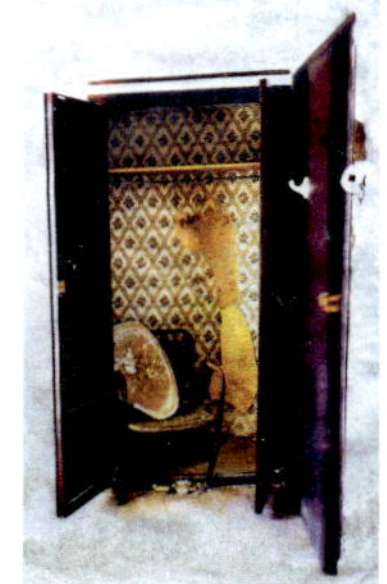

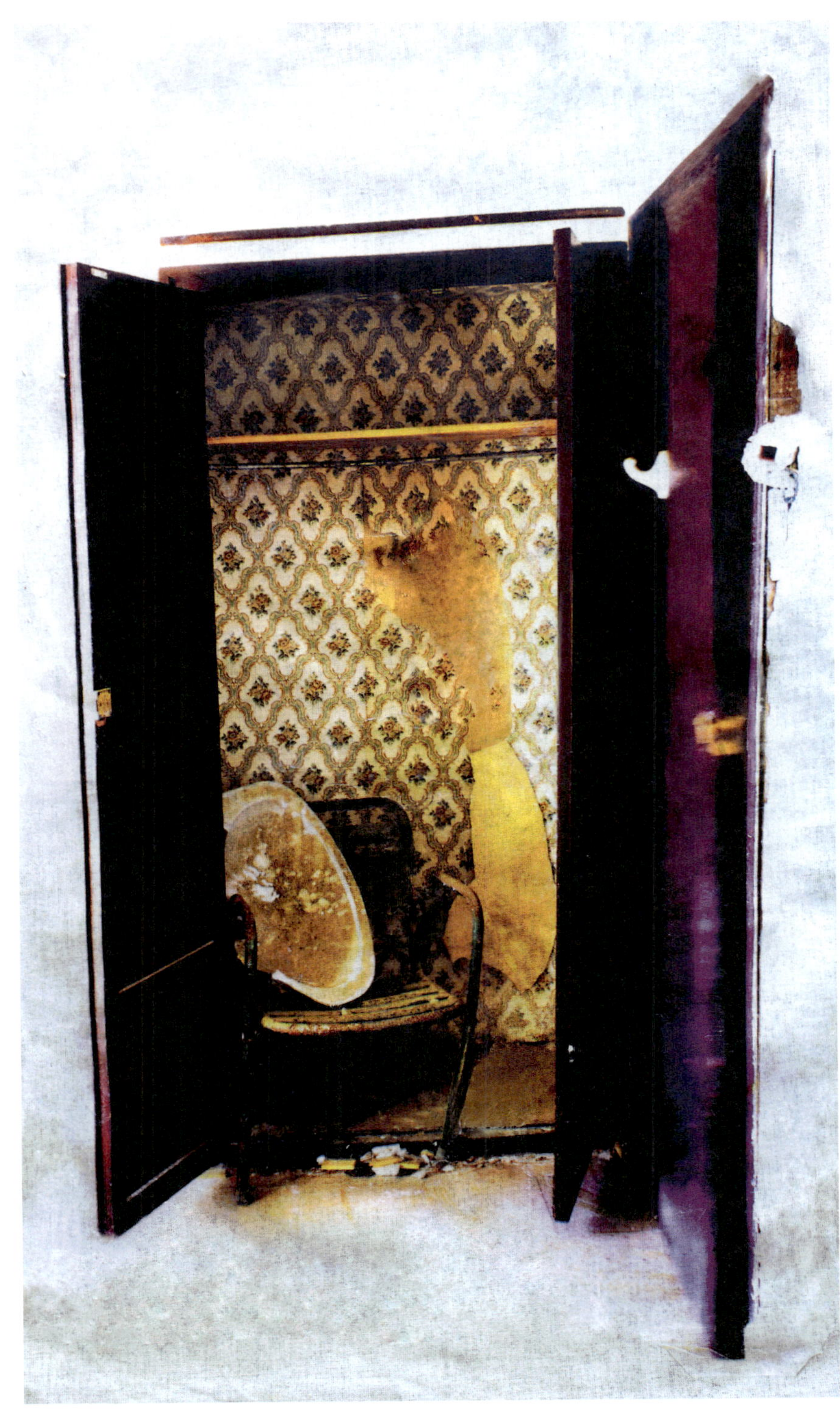

SCHÄRFERE KONTUREN DURCH MASKEN

Da Acrylfarbe schnell trocknet, kann man mit ihr sehr scharfe Konturen und Linien gestalten (siehe Seite 23). Hier kommen nun die Masken ins Spiel. Denn mit Masken lassen sich Teile eines Gemäldes kaschieren, sodass sie vor Sprays, Tropfen oder willkürlichen Farbverläufen geschützt sind, während Sie mit flüssiger Farbe an einem anderen Teil Ihrer Komposition arbeiten. Sie können auch bereits zuvor gemalte Stellen abdecken, um klar abgegrenzte Schichten zu schaffen. Oder Sie benutzen Klebeband und tragen es kreuz und quer auf Ihren Malgrund auf, um Effekte mit Mustern zu erzeugen.

SELBST AUSPROBIEREN

1. Schneiden Sie eine Maske aus einem Stück Pappe aus und legen Sie sie auf die Bereiche, die Sie farblich aussparen wollen.

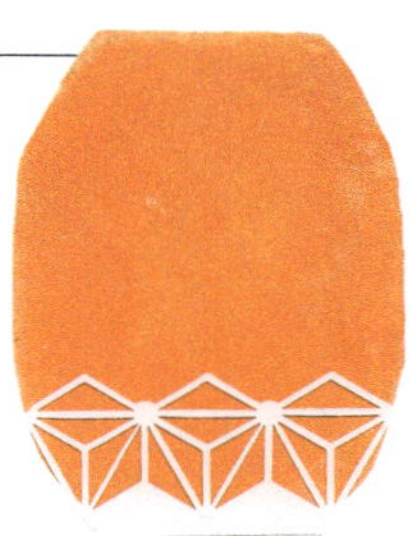

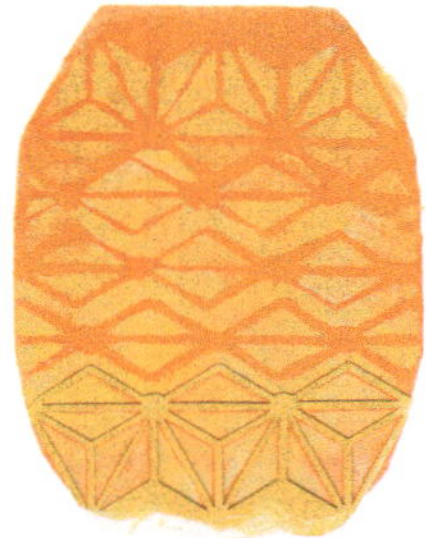

2. Bemalen Sie die nicht abgedeckten Bereiche entweder mit Soft- oder Heavy-Body-Farbe. Sie können Ihre Maske auch an anderen Stellen auflegen, um ein detailliertes Muster zu kreieren.

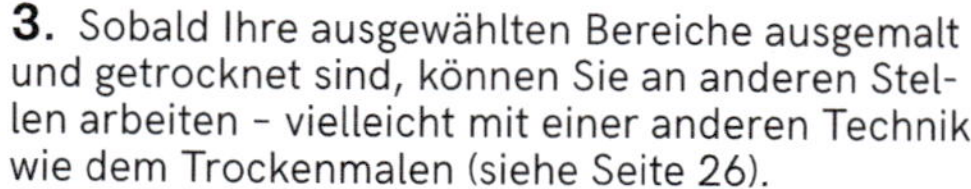

3. Sobald Ihre ausgewählten Bereiche ausgemalt und getrocknet sind, können Sie an anderen Stellen arbeiten – vielleicht mit einer anderen Technik wie dem Trockenmalen (siehe Seite 26).

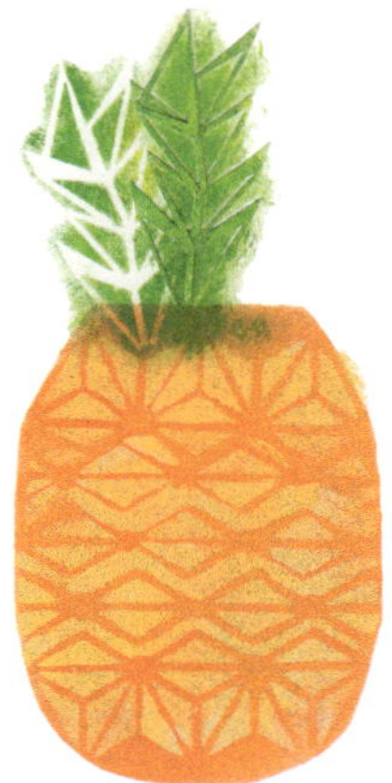

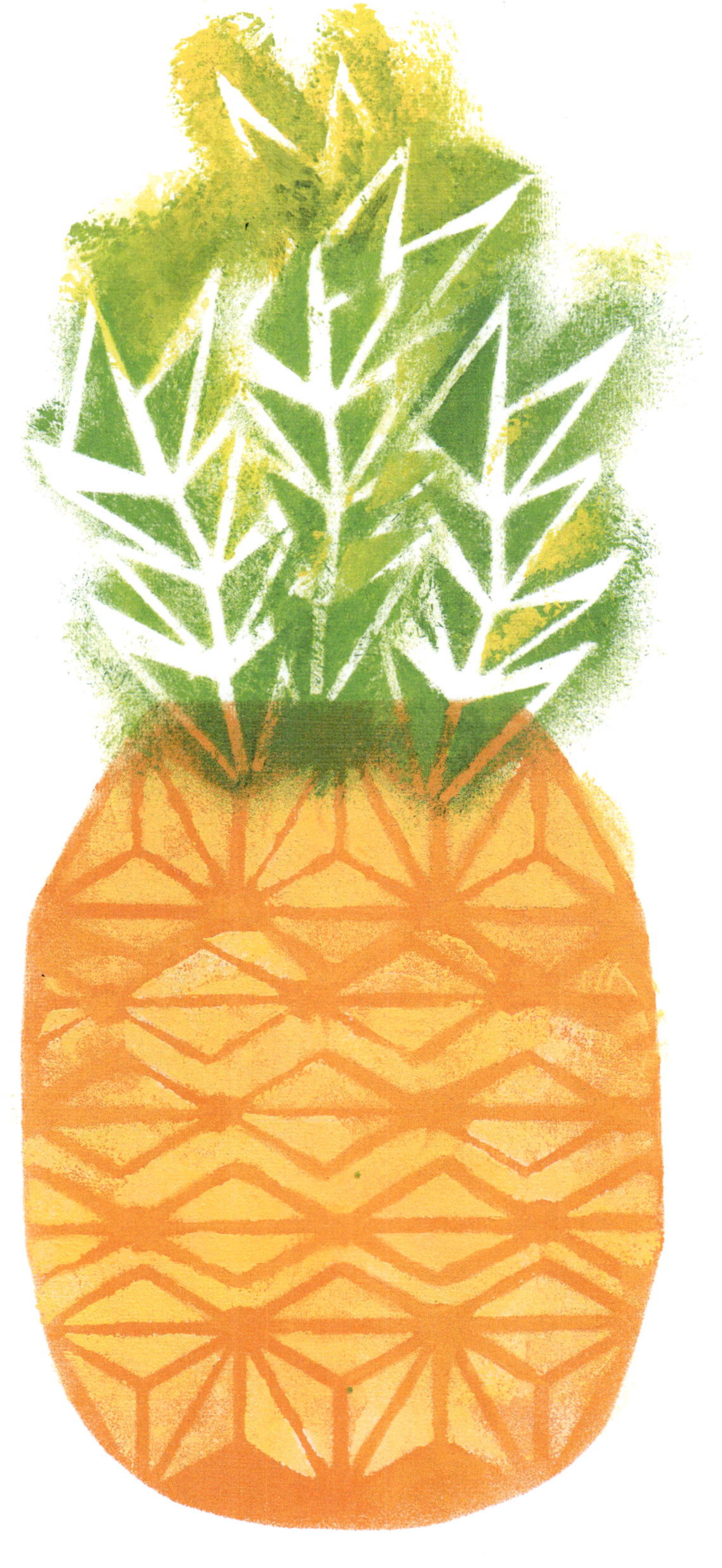

ARBEITEN MIT SCHABLONEN

Mit einer Schablone können Sie scharf umrissene Bilder und Schriftzüge wiederholt gestalten. Schablonen sind unterschiedlich groß und daher für alles geeignet: von kleinen Grußkarten bis hin zu großformatigen Wandmalereien, wie die Arbeit von Mando Marie auf der gegenüberliegenden Seite zeigt.

Schablonen werden normalerweise aus nichtabsorbierenden Materialien hergestellt, z. B. aus geöltem Manila- oder normalem Schablonenkarton oder Acetat. Für Anfänger sind aber Papier oder Pappe völlig ausreichend.

Wenn Sie Ihre Schablone ausgeschnitten haben, können Sie sie mit Farbe ausfüllen - mit einem Schwamm, einem kurzen und dicken Pinsel oder mit Spray, je nach Größe Ihres Kunstwerks. Marie beispielsweise kreiert mit einer Schablone scharfe Umrisse und dunkelt danach ihre Figuren ab, und zwar mit Pinseln und Aerosolspray.

SELBST AUSPROBIEREN

1. Zeichnen Sie Ihre gewünschte Form auf ein Stück Pappe und schneiden Sie sie mit einem Cutter aus.

2. Die Schablone auf den Malgrund legen und mit Klebeband fixieren.

3. Nehmen Sie entweder mit einem runden Flachpinsel mit steifen Borsten oder einem Schaumpinsel etwas Farbe auf, streifen Sie die überschüssige Farbe auf der Palette ab und tupfen Sie sie auf die offenen Stellen der Schablone. Achten Sie darauf, dass sich nicht zu viel Farbe am Pinsel befindet, ansonsten sickert die überflüssige Farbe unter die Schablone und verschmiert die Ränder der Formen.

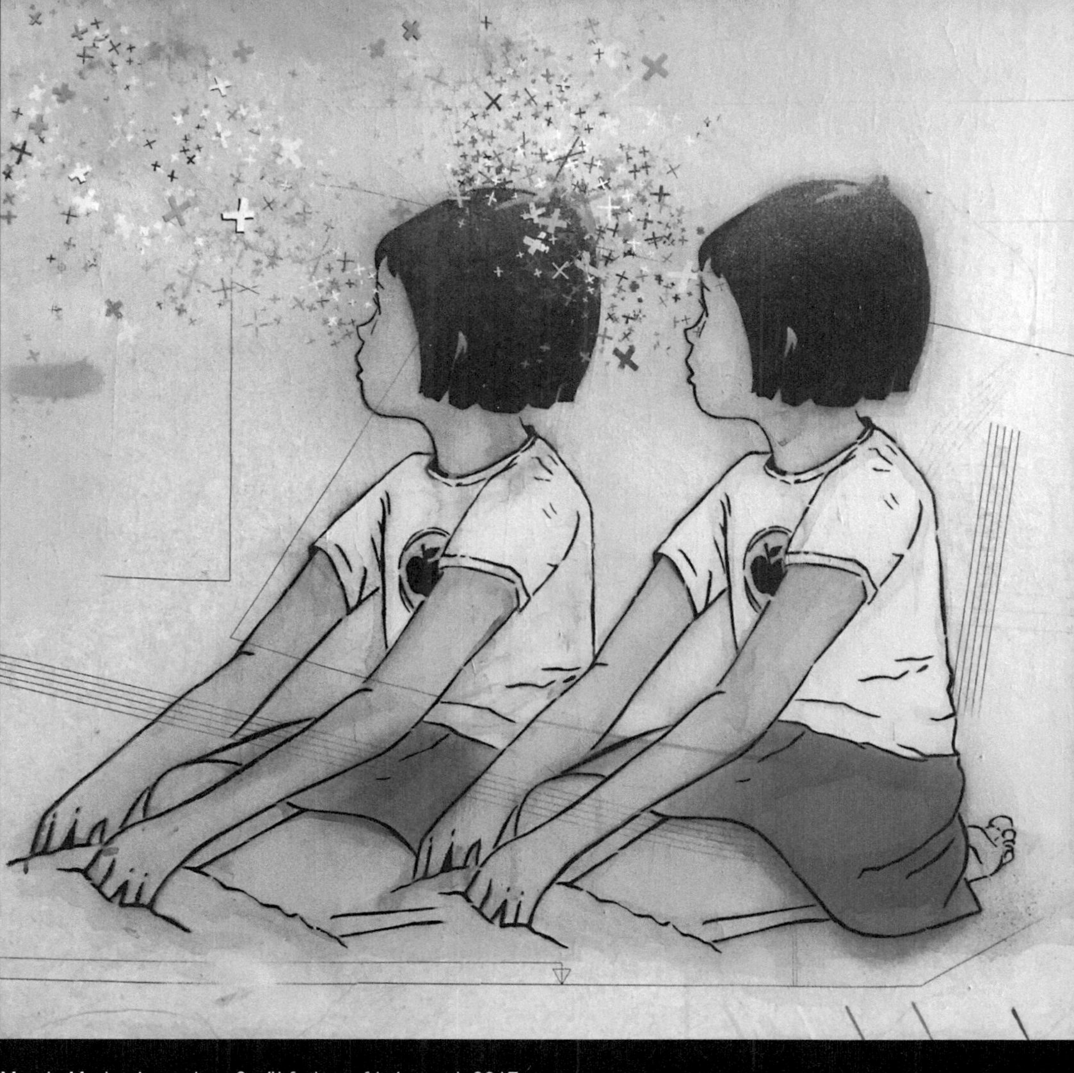

Mando Marie, *Ascenders*, Sprühfarbe auf Leinwand, 2017

ACRYLIC-MARKER

Gegenüberliegende Seite: Verschiedene Acrylic-Marker mit unterschiedlichen Spitzen – flach, meißelförmig und Fineliner – wurden verwendet, um diese abstrakte Komposition zu schaffen.

Acrylic-Marker kombinieren die Sättigung und das Fließvermögen der Acrylfarbe mit der präzisen Linienführung eines Stiftes und eignen sich somit optimal für das Zeichnen feiner Linien und die Gestaltung komplizierter Details.

Im Handel werden Acrylic-Marker von mehreren Herstellern angeboten. Die meisten Marker sind hochpigmentiert, was zu leuchtenden deckenden und langlebigen Farben führt. Darüber hinaus sind Acrylic-Marker mit unterschiedlich breiten Spitzen erhältlich, sodass sie für minuziöse Details und für das Ausfüllen größerer Farbfelder verwendet werden können. Auch der Wahl Ihres Malgrunds sind keine Grenzen gesetzt – sie eignen sich für Papier, Leinwände, Mauerwände, Glas, Kleidung und sogar für Schuhe!

SELBST AUSPROBIEREN

Stift vertikal halten

Den Marker senkrecht nach oben halten und – ohne zu viel Druck auszuüben – klare und scharfe Linien ziehen.

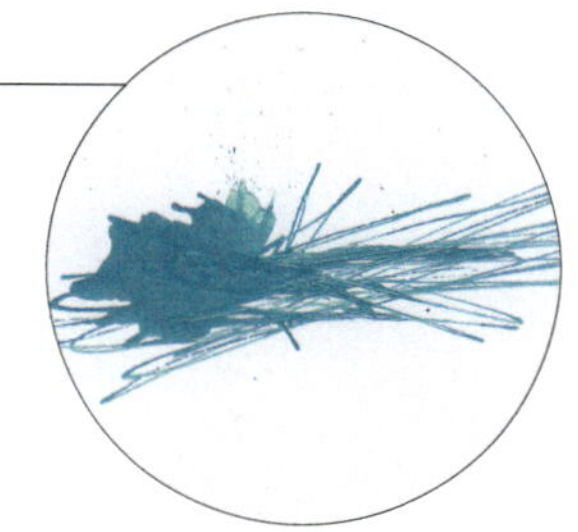

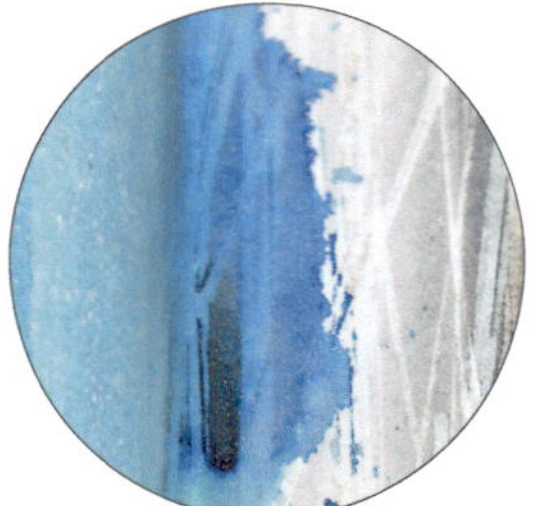

Farben mischen

Drücken Sie die Spitze nach unten, sodass mehr Farbe herausläuft. Vermischen Sie danach mehrere Farben mit einem Pinsel oder mit Ihren Fingern.

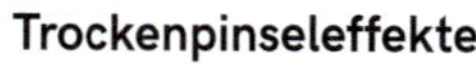

Trockenpinseleffekte

Um eine „kritzelige" Pinselführung ähnlich der Trockenpinseltechnik (siehe Seite 26) zu kreieren, die dem Bild Ausdruck und Bewegung verleiht, drücken Sie den Marker ganz sachte auf, während Sie mit ihm malen.

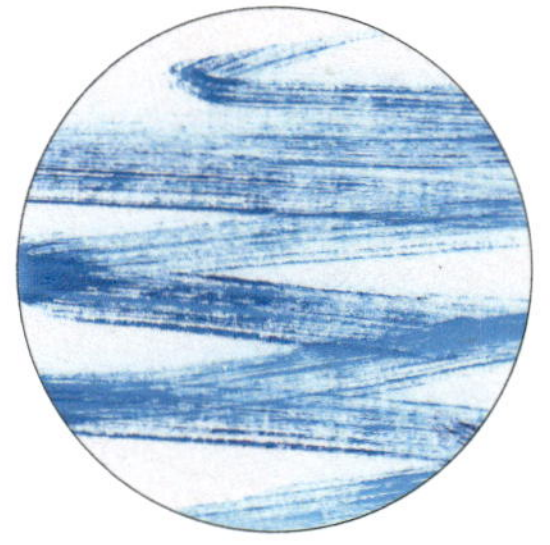

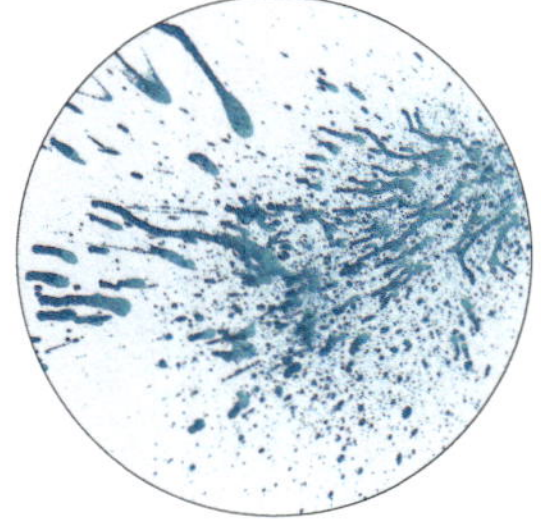

Anpusten

Hinterlassen Sie einen expressiven Farbspritzer auf Ihrer Malfläche, indem Sie den Stift nahe an die Oberfläche halten und direkt auf seine Spitze in Richtung Ihres Malgrunds pusten.

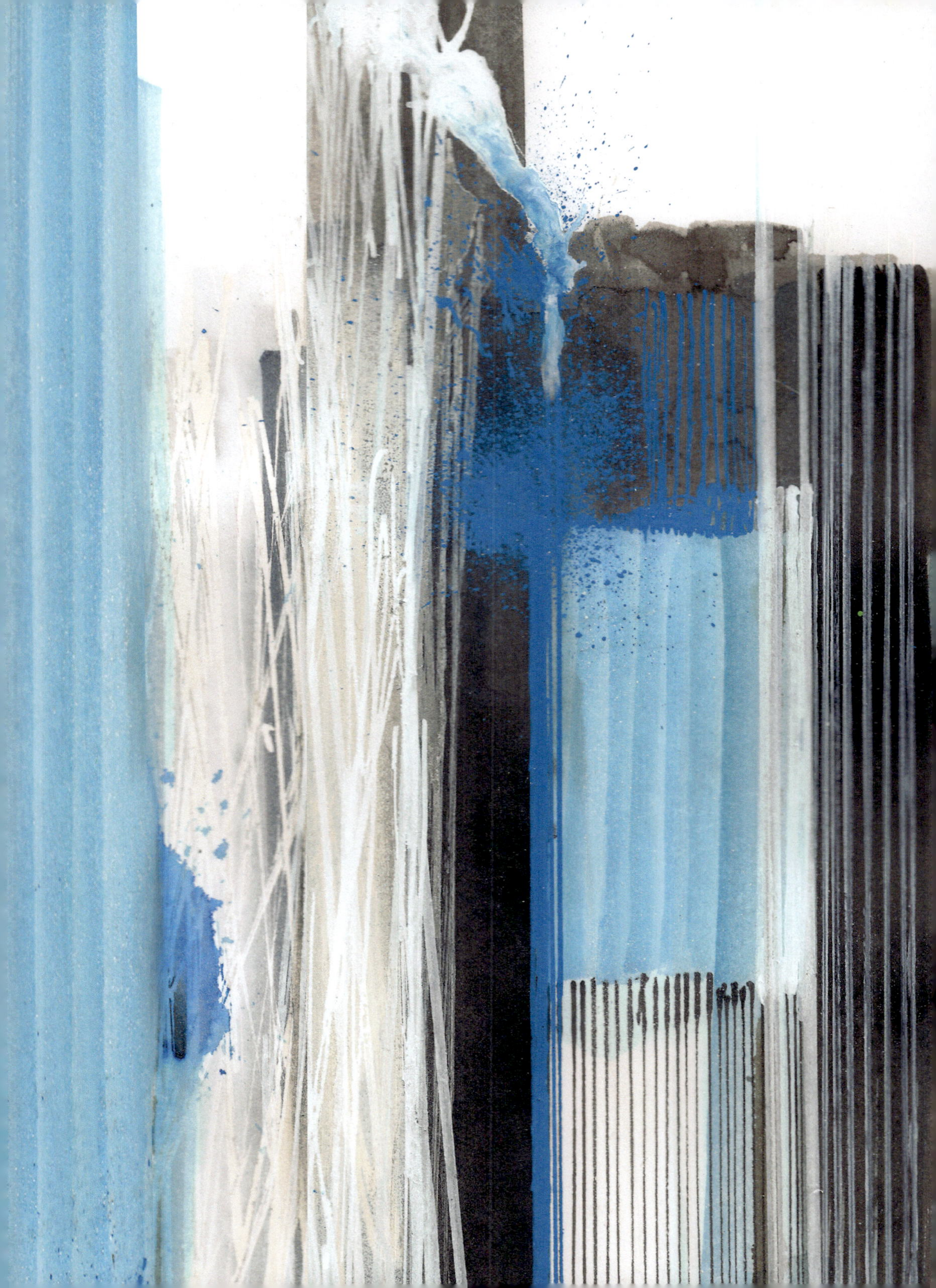

SPRÜHFARBEN

Gegenüberliegende Seite: Yann Chatelin, *Bujubomba*, Acrylfarbe und -tinte auf Leinwand, 2018

Bei Sprühfarben denkt man - aufgrund ihrer Leuchtkraft, ihres glatten Finishs und ihrer Strapazierfähigkeit - oft an Graffiti-Kunst und Wandmalereien im Freien, da sich mit ihnen große Flächen schnell besprühen lassen. Sprühfarben sind vielseitig einsetzbar und können auch auf verschiedene Malgründe aufgetragen werden. Für das Bild auf der gegenüberliegenden Seite beispielsweise kombinierte der Künstler Sprühfarbe mit Acryltinte auf einer Leinwand, um ein farbenfrohes Bild zu schaffen, das an die Street-Art erinnert.

Am besten verwenden Sie pigmentierte Acryl-Sprühfarben, um sicherzustellen, dass die Farbe ihre Leuchtkraft behält. Im Handel sind mehrere Marken erhältlich, z. B. Liquitex und Molotow, sowie viele unterschiedliche Finishes, etwa glänzend, matt, glitter und sogar „glow-in-the-dark".
Bedenken Sie nur, dass einige Produkte schneller trocknen als andere.

Wenn Sie Sprühfarben mit herkömmlicher Pinselmalerei in ein und demselben Bild kombinieren möchten, können Sie bestimmte Bereiche auf Ihrer Leinwand abdecken, bevor Sie sie mit Farbe besprühen (siehe Seite 70).

Es ist auch ratsam, beim Arbeiten mit Sprühfarbe eine Staubmaske zu tragen.

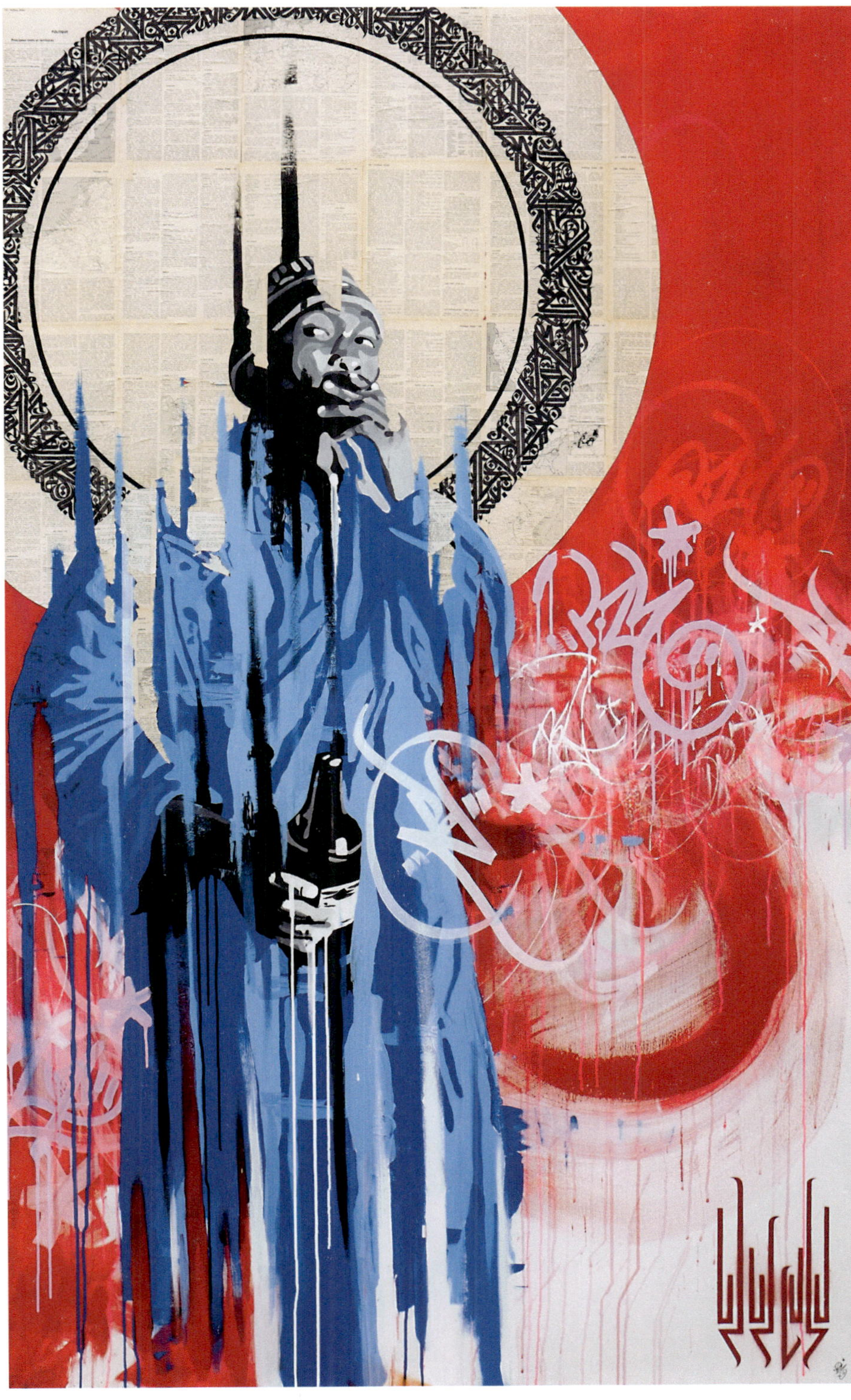

TRÄUFELN UND TRÖPFELN MIT STRING GEL

Gegenüberliegende Seite: Mary Arkless, *Painting the Blues*, Acryl und String Gel auf Leinwand, 2016

String Gel ist ein Acrylmedium mit einer dicken, honigartigen Konsistenz, das Sie direkt auf die Leinwand herabnieseln lassen, gießen oder tröpfeln können, um bindfadenähnliche Strukturen und farbenfrohe, abstrakte Bilder zu kreieren. Mischen Sie es mit Acrylfarbe, um farbige Linien, Muster und Texturen zu „zeichnen", oder tragen Sie es direkt aus der Tube auf und lavieren Sie es nach dem Trocknen mit Acrylfarbe. Dies ist eine nützliche Technik, um Details in einer Komposition hervorzuheben oder Objekten wie Bäumen und Blumen Struktur zu verleihen.

SELBST AUSPROBIEREN

1. Mischen Sie in einem Topf oder auf einer Palette etwas String Gel mit Soft-Body-Acrylfarbe.

2. Die farbliche Mixtur auftragen, indem Sie sie entweder von oben auf die Leinwand gießen, oder Sie tröpfeln sie mit Hilfe einer Düse oder sprenkeln sie mit einem Pinsel auf die Leinwand.

3. Lassen Sie jede Schicht zuerst trocknen, bevor Sie die nächste auftragen, um ein schönes, strukturiertes Werk zu schaffen. (Sie können auch neue Schichten auftragen, während die vorherigen noch feucht sind, um eine gleichmäßige Farbschicht zu erhalten.)

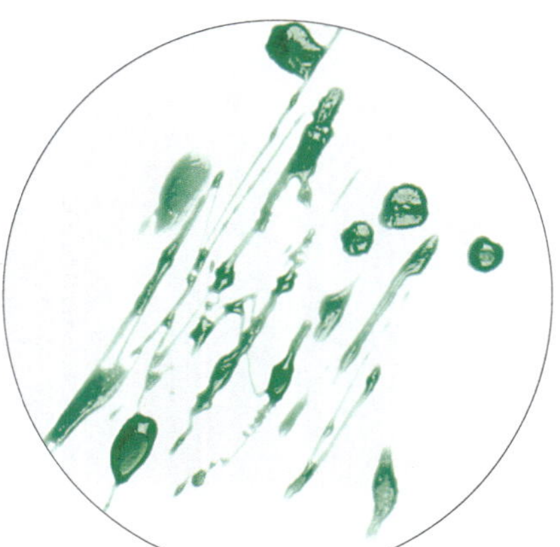

String Gel, getröpfelt

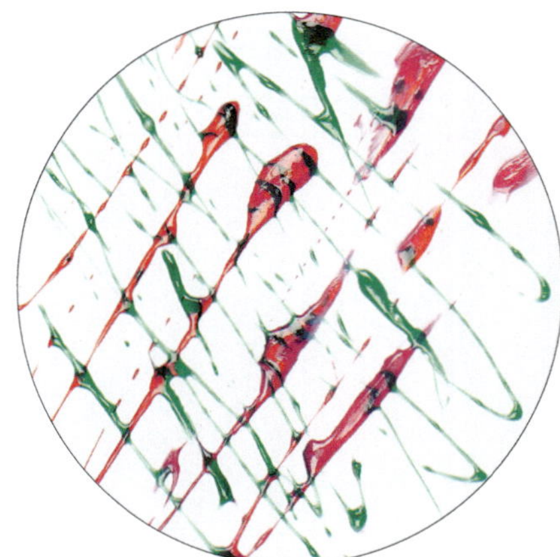

String Gel, gesprenkelt

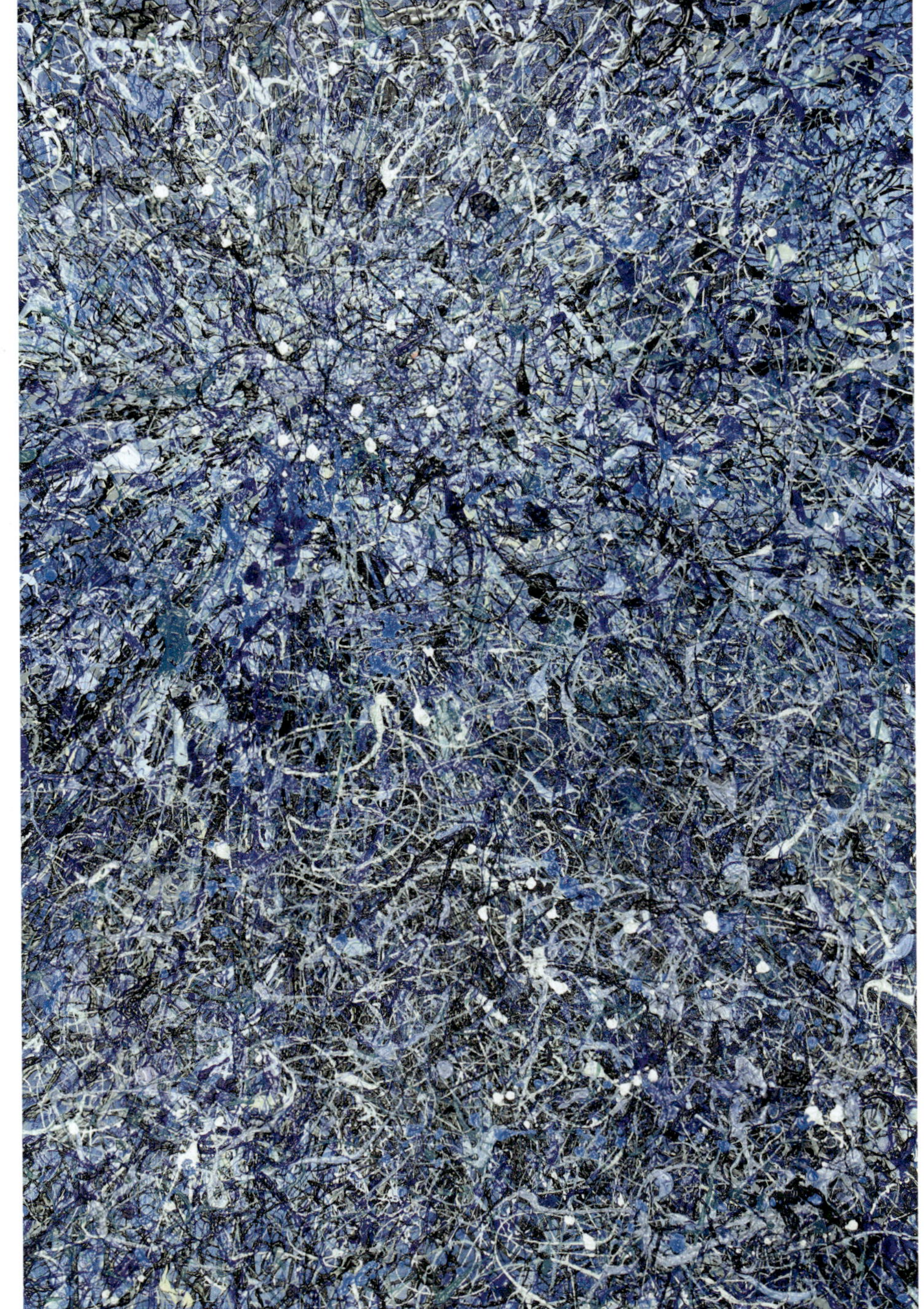

DIE FADENTECHNIK

Gegenüberliegende Seite: Acryltinte auf Aquarellpapier (300 g/m²).

Acryltinten (oder -tuschen) sind eine besonders flüssige Form der Acrylfarbe. Sie trocknen schnell und haben mitunter das gleiche Fließverhalten und die gleiche Leuchtkraft wie Zeichentusche - die in der Kalligrafie verwendet wird -, zeichnen sich jedoch durch eine stärkere Deckkraft und hellere Farben aus. Acryltinten sind ebenfalls vielseitig einsetzbar und können auf fast alle Oberflächen aufgetragen werden, einschließlich Papier, Holz, Stoff und Kunststoff. Sie können für transparente Lasuren verdünnt oder deckend für flache, kräftige Farbflächen verwendet werden.

Acryltinte lässt sich mit herkömmlichen Pinseln auftragen, aber es lohnt sich auch, unkonventionelle Methoden wie die Fadentechnik anzuwenden. Mit einer Schnur oder einer Kordel lassen sich schöne zarte Blumen- und Pflanzendrucke gestalten.

Für diese Technik benötigen Sie einen nachgiebigen Untergrund wie Papier oder einen ungrundierten Stoff.

SELBST AUSPROBIEREN

1. Tauchen Sie ein Stück Schnur in eine mit Acrylfarbe gefüllte Schüssel, bis es sich ganz vollgesogen hat. Anschließend entfernen Sie die überflüssige Tinte, indem Sie sie mit zwei Fingern abstreifen (ziehen Sie dafür Handschuhe über).

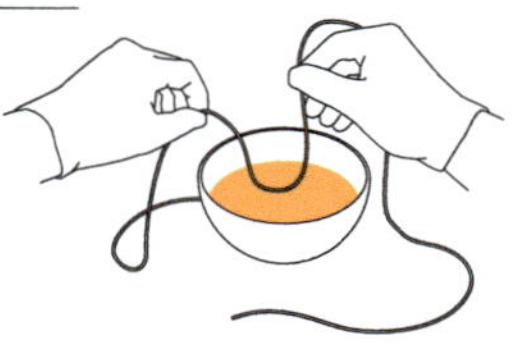

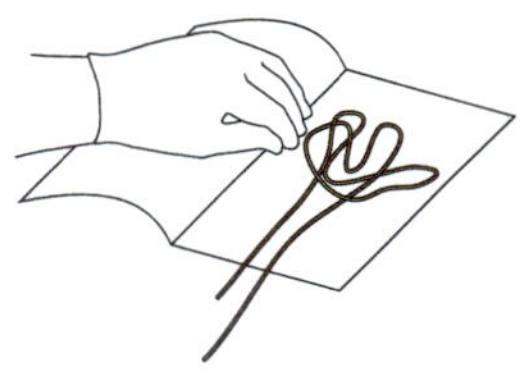

2. Richten Sie die Schnur nach Ihren Vorstellungen auf dem Papier aus. Wenn Sie z. B. eine Blume gestalten möchten, bilden Sie mit der Schnur eine „8" mit einem „s" darüber. Lassen Sie ein Ende der Schnur an einer Kante des Papiers herunterhängen.

3. Legen Sie ein weiteres Blatt Papier auf das erste und beschweren Sie es mit einem flachen Gegenstand, z. B. einem Buch oder Tablett. Halten Sie das Gewicht fest, sodass es nicht verrutscht, wenn Sie die Schnur zwischen den Blättern herausziehen.

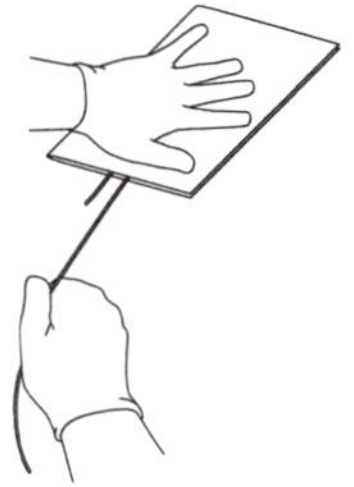

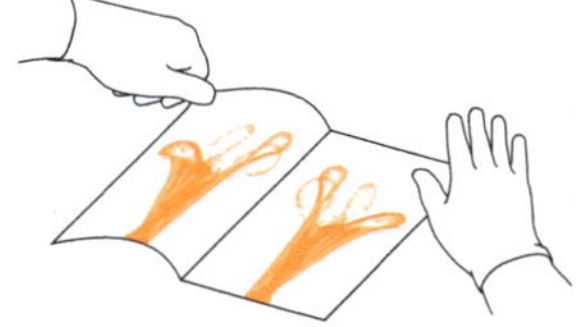

4. Heben Sie das oberste Blatt Papier vorsichtig ab, um einen schönen, seitenverkehrten Druck offenzulegen.

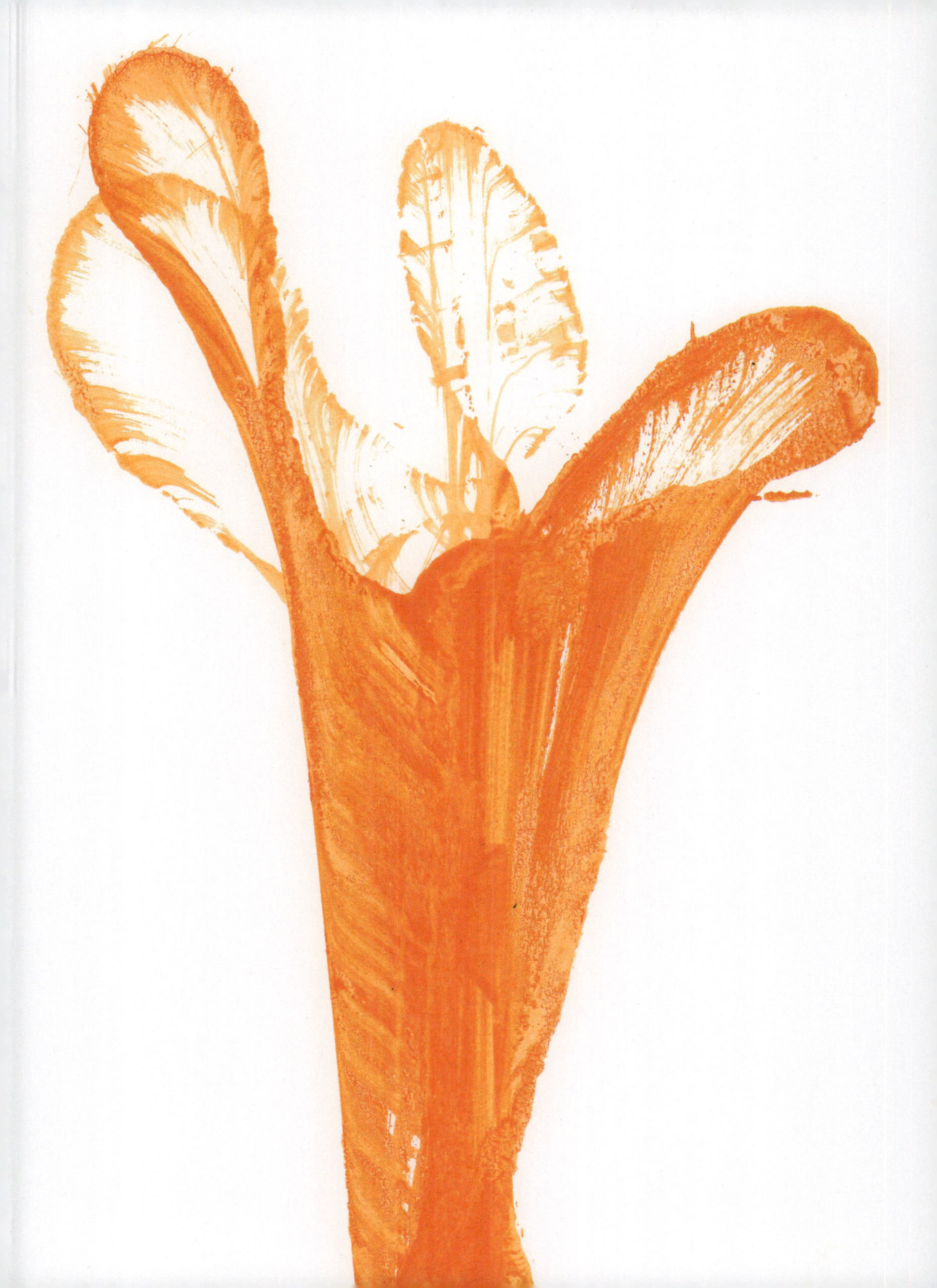

ACRYL AUF PAPIER

Evan Jones, *Roses and Clover*, Acryl auf Papier, 2018

Acryl lässt sich problemlos auf Papier auftragen - ganz gleich, mit welcher Technik -, um wie auch immer geartete Resultate zu erzielen: für flüchtige Entwürfe als Dekoration für Skizzenbücher, kombiniert mit wasserlöslichen Zeichenmaterialien wie Bunt- oder Grafitstiften, oder verdünnt, um Aquarelleffekte zu erzielen - um nur einige Beispiele zu nennen.

Je schwerer das Papier, desto mehr Flüssigkeit kann es aushalten. Papier, das 300 g/m^2 oder mehr wiegt, nimmt Soft-Body-Farben und sogardünnflüssige Tinte auf, wobei es sich nur leicht verformt. Der Künstler Evan Jones arbeitet gerne *alla prima* (Nass-in-Nass-Technik), also hat er 400 g/m^2 schweres Papier für das Kunstwerk auf der gegenüberliegenden Seite benutzt. Er ist der Meinung, dieses besondere Papier ahme die Struktur einer Leinwand nach, sodass es die Farbe besser hält.

Um die Saugfähigkeit des Papiers zu verbessern und für eine noch glattere Oberfläche zu sorgen, können Sie es genauso vorbereiten wie eine Leinwand, indem Sie einen Primer oder Untergrund auftragen, der dickere Acrylfarbschichten besser haften lässt und außerdem dafür sorgt, dass sich das Papier weniger verformt (siehe Seite 20). Andererseits verläuft die Farbe dann nicht mehr so gut, wenn Sie dünne Lavierungen auftragen.

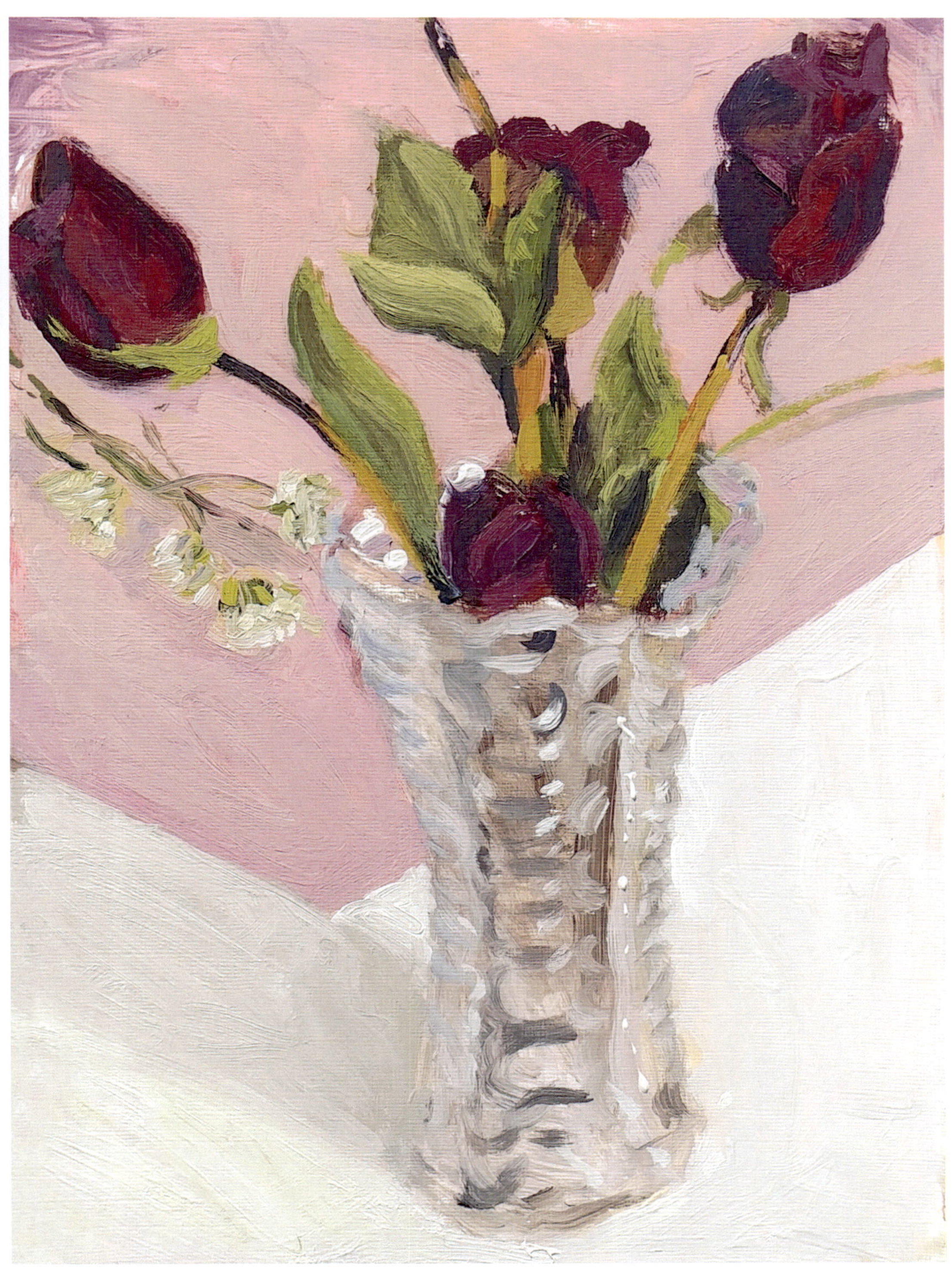

ACRYL AUF HOLZ

Das Auftragen von Acrylfarbe auf Holz ist eine spannende Angelegenheit, denn dadurch verleihen Sie Ihrem Bild eine gemaserte Struktur. Versuchen Sie es einmal mit einer Holzplatte statt mit einer Leinwand, um einen erdigen Hintergrund zu gestalten. Oder arbeiten Sie Holzmöbel mit hellen, deckenden Schichten Acrylfarbe auf. Holz ist außerdem robust und stabil, daher ist es optimal für Techniken geeignet, die die Arbeit mit einem Malmesser sowie eine etwas derbere Malweise wie das Impasto erfordern (siehe Seite 44).

Holz kann, je nachdem, wie Sie es vorbereiten, mehr oder weniger Farbe absorbieren. Acrylfarbe haftet sehr gut auf Holz, wenn es nicht gefirnisst ist. Um sicherzustellen, dass es die Farben gleichmäßig aufnimmt, sollten Sie das Holz vorher schleifen und grundieren (siehe Seite 20). Durch das Schleifen sorgen Sie für eine glatte, flache Oberfläche. Andererseits können Sie sich auch die Risse und die natürlichen Makel des Holzes zunutze machen, indem Sie sie ästhetisch in Ihre Komposition integrieren.

Beachten Sie jedoch, dass Holz nicht säurefrei ist. Um ein Ausbleichen der Farben zu vermeiden, was im Laufe der Zeit auftreten kann, ist es wichtig, dass Sie ein Versiegelungsmittel wie GAC 100 oder GAC 700 auftragen, bevor Sie es grundieren. Lassen Sie die Versiegelung jedoch erst trocknen, bevor Sie die Grundierung aufstreichen.

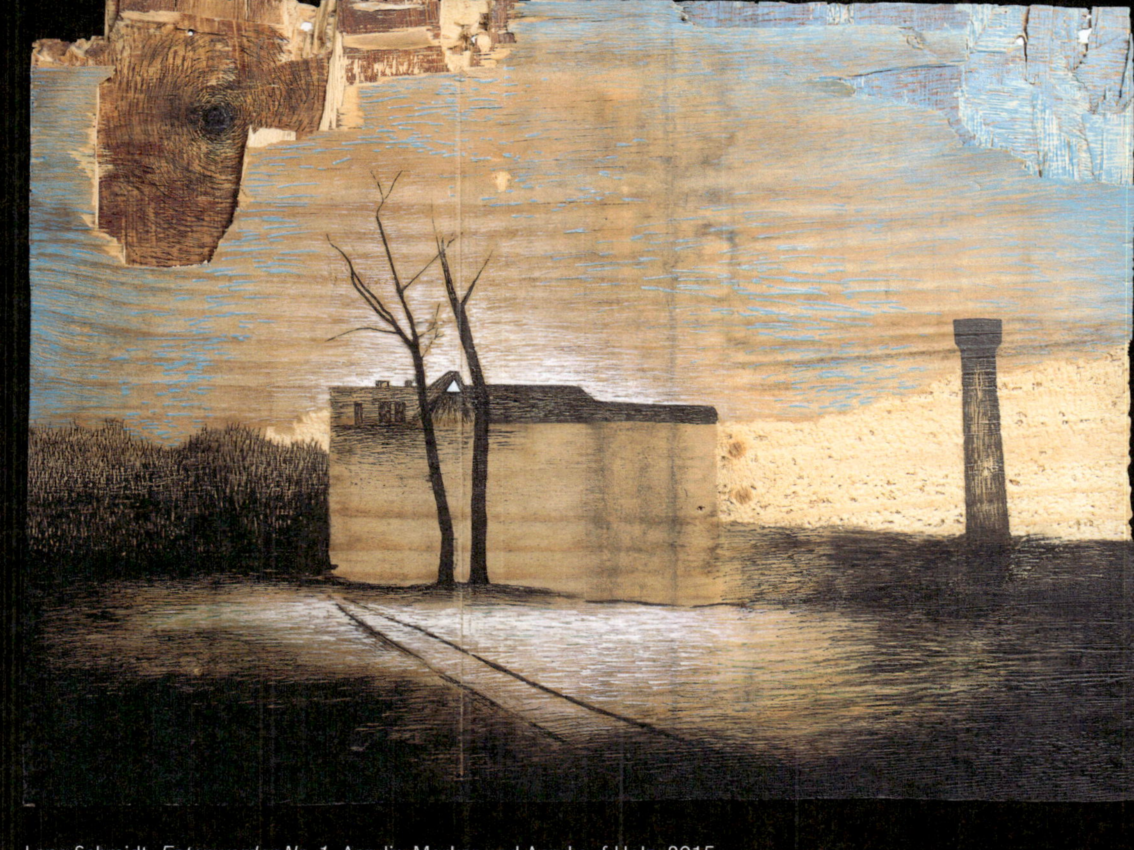

Lena Schmidt, *Entenwerder Nr. 1*, Acrylic-Marker und Acryl auf Holz, 2015

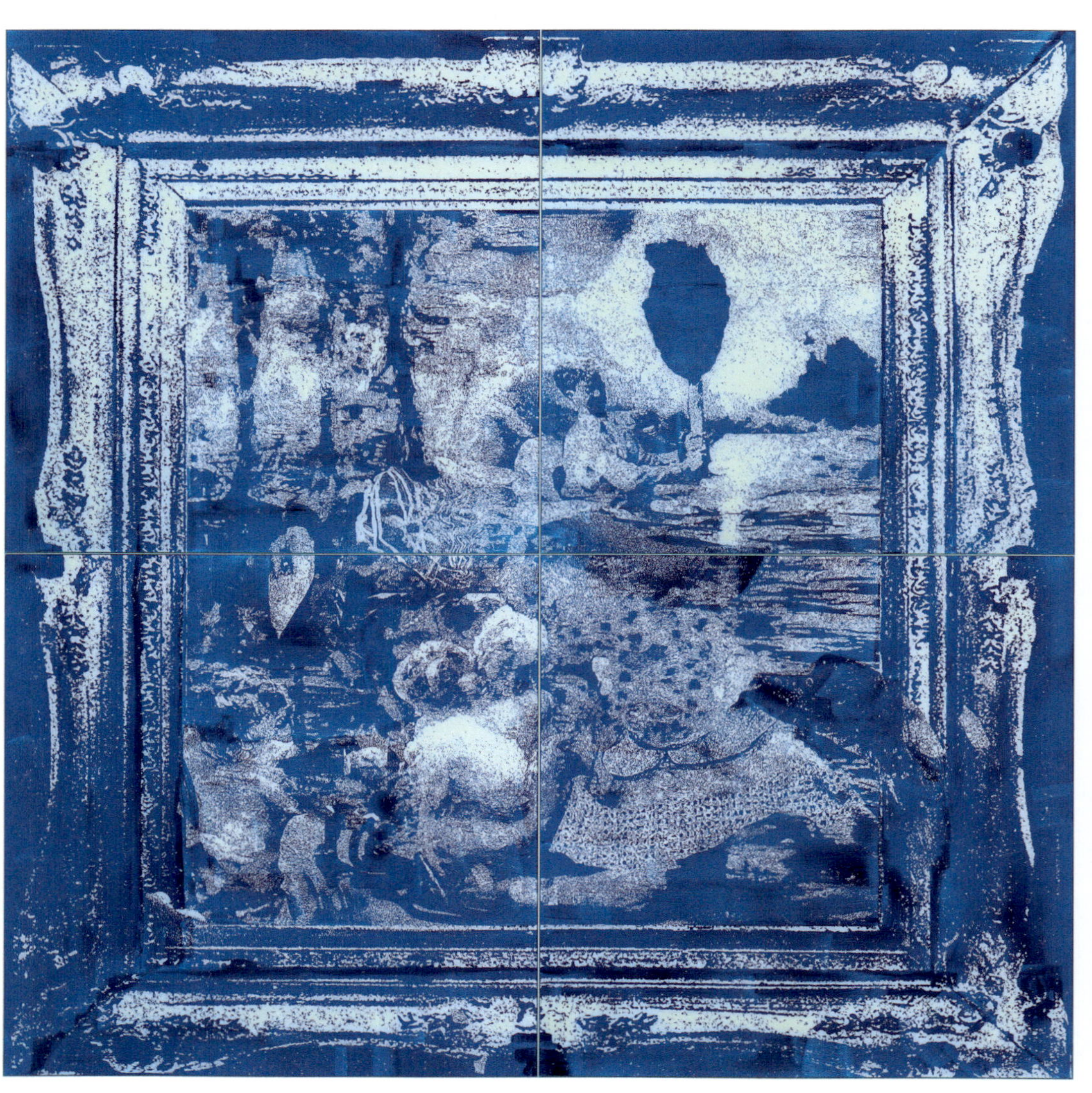

MALEN AUF GLAS

Glas ist vielleicht ein weniger geläufiger Malgrund für die künstlerische Gestaltung, gleichwohl lassen sich damit verblüffende Kunstwerke schaffen, wie Oliver Dorfers schöne Arbeit auf der gegenüberliegenden Seite zeigt. Sie können entweder deckende Farben für starke Kontraste oder durchsichtige Lavierungen für feinere Effekte verwenden.

Beim Auftragen von Acrylfarbe auf Glas, Kacheln oder ähnlichen glatten und nichtabsorbierenden Flächen ist es unerlässlich, diese etwas aufzurauen, damit die Farbe haftet. Dafür gibt es mehrere Möglichkeiten, aber die bekanntesten sind das Aufrauen der Oberfläche durch Schleifen oder das Auftragen von Glasätzpaste.

Um das Glas aufzurauen, verwenden Sie ein Blatt Schleifpapier oder einen Schleifblock mit mittelstarker Körnung. Dadurch wird die Oberfläche uneben, und bildet eine geeignete Malfläche für Acrylfarbe. Sobald das Glas etwas trüb ist und sich ein wenig rauer anfühlt, können Sie es bemalen.

Eine andere Möglichkeit ist die Verwendung von Glasätzpaste. Diese ist in Baumärkten oder Eisenwarenhandlungen erhältlich und raut das Glas etwas auf, sodass es eine schöne unregelmäßige Oberfläche bekommt. Befolgen Sie dabei die Anweisungen und Sicherheitshinweise des Herstellers.

Um Ihre künstlerischen Resultate zu optimieren, können Sie die Farben mit dem Acrylbinder GAC 200 mischen, der die Haftung auf nichtporösen Oberflächen erhöht. Allein reicht das Malmittel in der Regel nicht aus, um eine anhaltende Haftung der Farbe zu gewährleisten. Doch in Verbindung mit der Glasätzpaste oder dem Anschleifen trägt es dazu bei, dass Ihr Werk haltbarer wird.

Gegenüberliegende Seite: Oliver Dorfer, *Azulejo 1*, Acryl auf Acrylglas, 2014

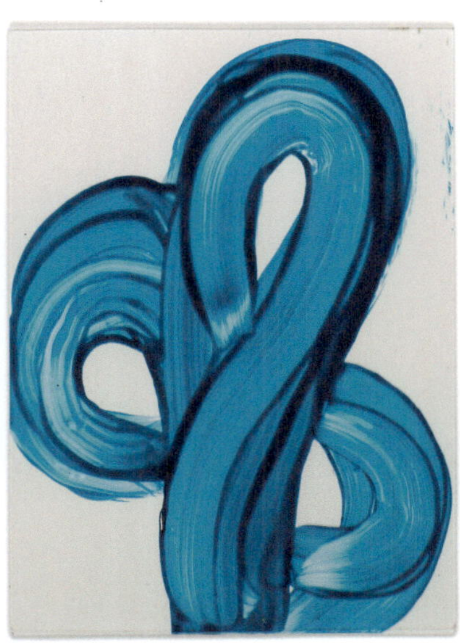

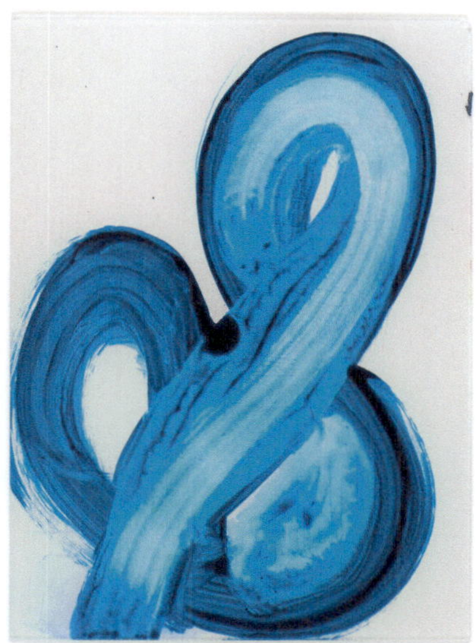

MALEN AUF METALL

Schnell trocknend, strapazierfähig und farbenfroh, so ist Acrylfarbe eine der bestgeeigneten Farben für das Malen auf Metall. Dies können Sie entweder mit durchsichtigen Lasuren (siehe Seite 54) bemalen, um die metallene Oberfläche durchschimmern zu lassen, oder Sie benutzen es einfach als einen starren Untergrund, wenn Sie mit dem Malmesser arbeiten. Interessante Ergebnisse lassen sich auch erzielen, indem Sie Metallgegenstände mit Acrylic-Markern (siehe Seite 74) bemalen. Da Metall eine nichtabsorbierende Beschaffenheit hat, können Sie auch damit experimentieren, bestimmte Farbabschnitte nach dem Auftragen und vor dem Trocknen wieder wegzuwischen. Ebenso können Sie nach der Sgraffito-Technik (siehe Seite 48) verfahren, um den metallischen Glanz dezent zum Vorschein zu bringen.

Damit die Acrylfarbe besser haftet, müssen Sie die Metallfläche nur leicht anschleifen und im Anschluss einen geeigneten Primer aufstreichen. Die gibt es sowohl für Innen- als auch für Außenarbeiten, und sie lassen sich mit einem Pinsel oder als Spray auftragen.

Für die Arbeit auf der gegenüberliegenden Seite hat die Künstlerin Charly Baxter zunächst festgelegt, wo das Metall sichtbar bleiben und welche Abschnitte sie bemalen würde. Danach hat sie zwei Schichten Gesso auf die zu übermalenden Abschnitte aufgetragen. Sobald diese getrocknet waren, hat sie mehrere Schichten an den Stellen aufgetragen, an denen sie deftige Farben haben wollte. Ist das Metall, wie in der hier abgebildeten Arbeit, ziemlich rau und verrostet, lässt Baxter das fertige Gemälde unversiegelt. Verwendet Sie hingegen ein sehr glattes Metall, wird es mit Firnis versiegelt, da glattes Metall anfälliger für Kratzer ist.

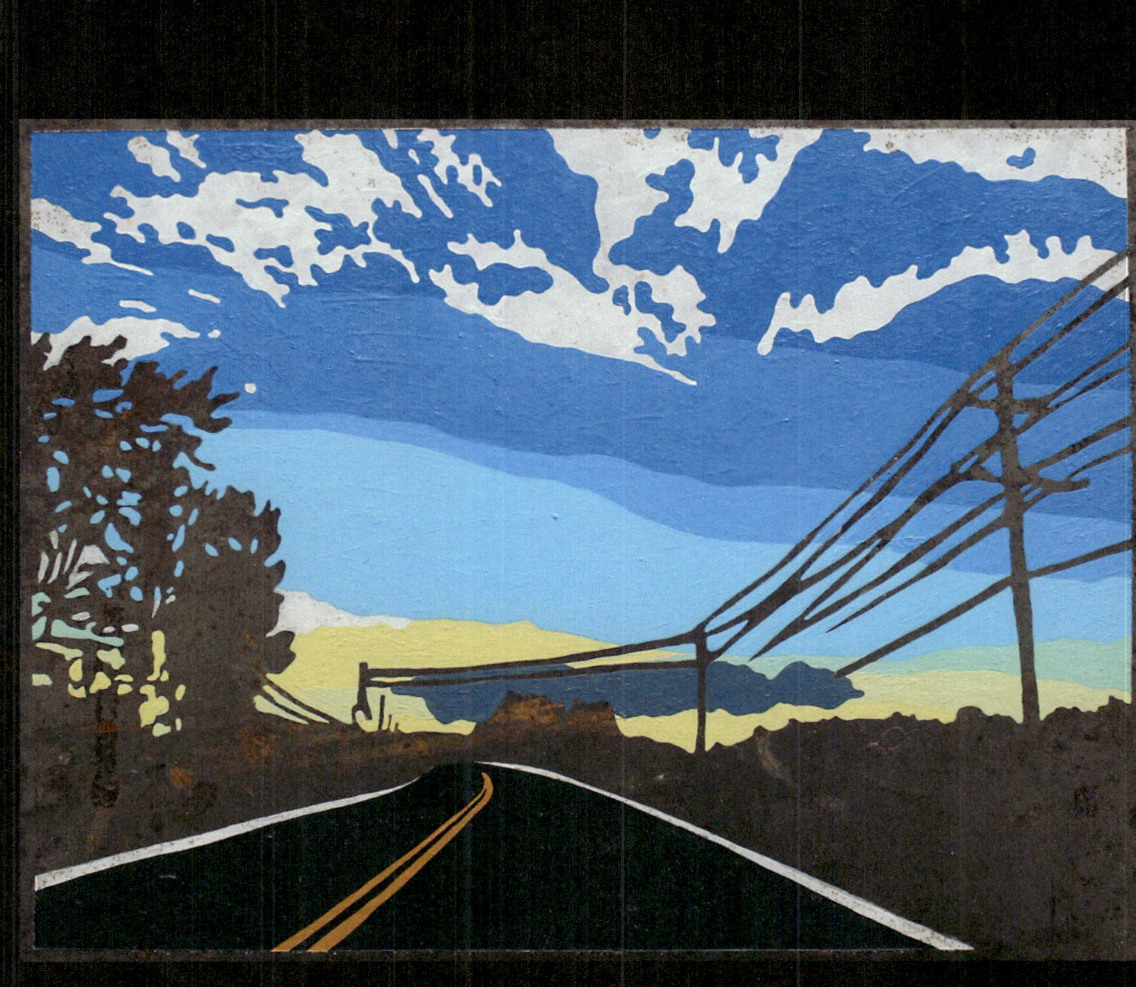

Charly Baxter, *Driving into Town*, Acrylfarbe auf unbeschichtetem Eisen, 2016

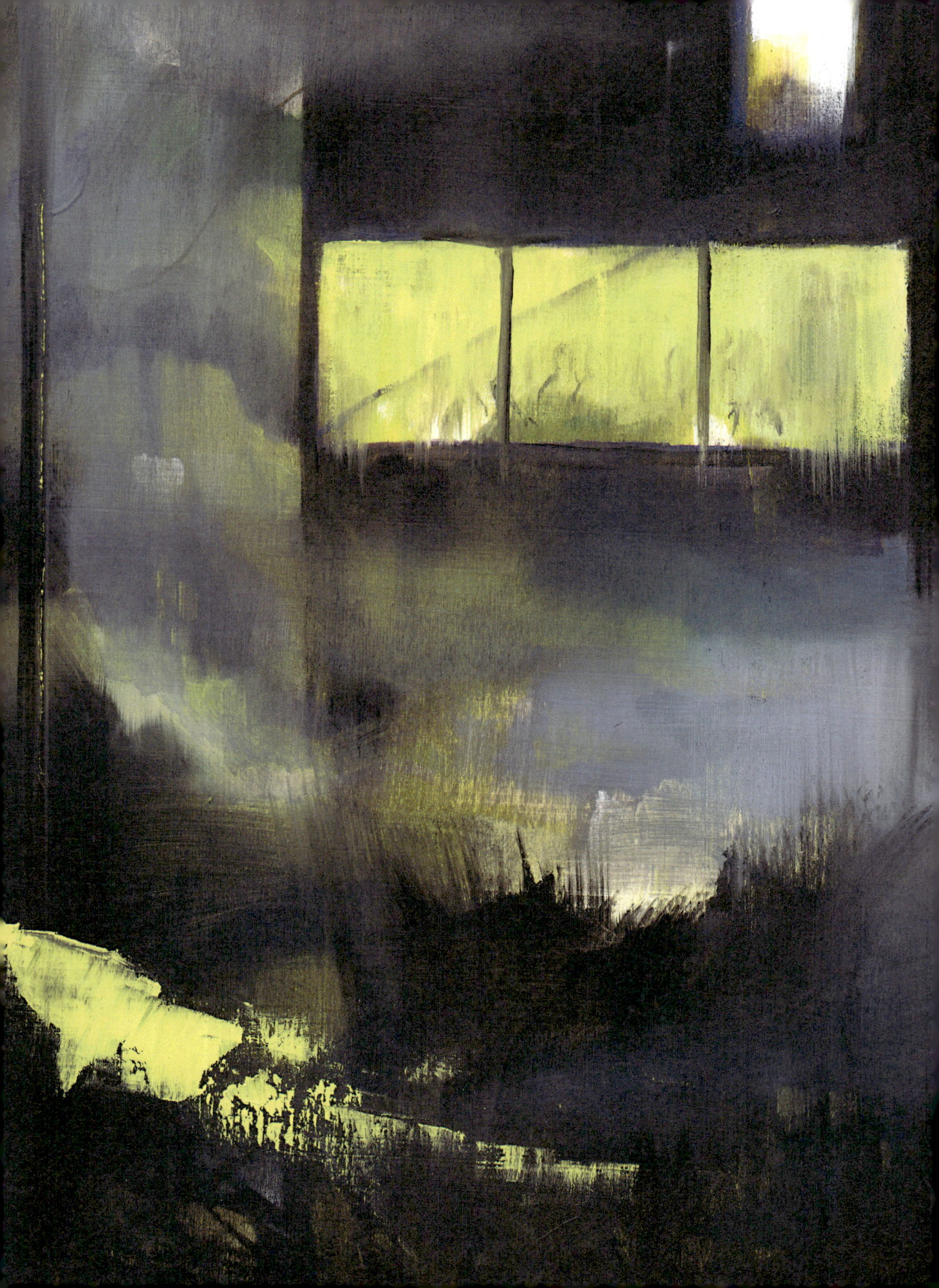

ACRYL- UND ÖLFARBEN MISCHEN

Gegenüberliegende Seite: Sarah Hardy-Box, *Saturday Night*, Acryl und Öl auf Birkenholz, 2019

Die Kombination von wasserbasierter Acrylfarbe mit Ölfarbe wird in der Regel vermieden, da Wasser und Öl sich nicht vermischen. Gleichwohl gibt es einige Künstler, die sich das Potenzial dieser Verbindung zunutze machen.

In *Saturday Night* (gegenüberliegende Seite) hat Sarah Hardy-Box zunächst eine kräftige, abstrakte Untermalung in Grüntönen mit Acrylfarbe aufgetragen, um später dunklere Farbtöne mit Ölfarbe darüberzulegen, sodass bestimmte Abschnitte der Untermalung verschleiert oder freigelegt werden. Schließlich hat sie noch etwas helle gelbe und grüne Ölfarbe hinzugefügt, um dem Bildvordergrund Struktur zu geben und ihn noch interessanter zu machen.

Denken Sie daran, dass Ölfarbe normalerweise zu einem glänzenden Finish auftrocknet. Wenn Sie also starke Kontraste anlegen und Tiefe in Ihr Bild bringen wollen, sollten Sie sie mit Acrylfarben kombinieren, die ein mattes Finish ergeben. Oder Sie mischen, wenn Sie eine gleichmäßig glänzende Oberfläche bevorzugen, Ihrer Acrylfarbe ein Glanzmittel hinzu.

SELBST AUSPROBIEREN

1. Tragen Sie zuerst eine Untermalung mit Acrylfarbe (ganz gleich, welcher Art) auf, um den Hintergrund anzulegen. Sie können diesen als dünne Lavierung oder als flache Deckschicht gestalten; anschließend trocknen lassen.

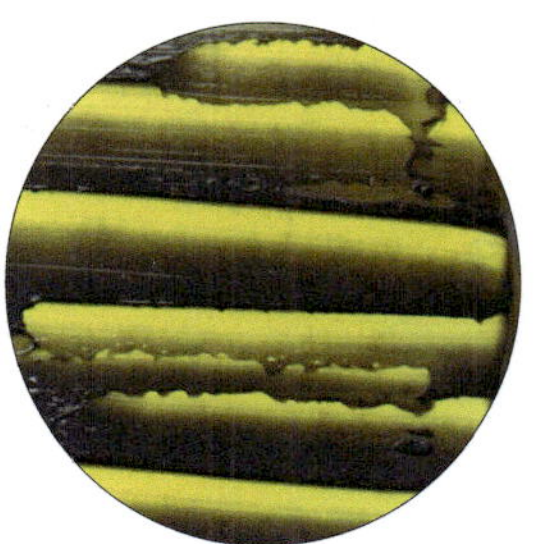

2. Jetzt tragen Sie die Ölfarbe dick auf die Acrylfarbe auf und schaben jene teilweise wieder etwas ab, um einen Sgraffito-Effekt (siehe Seite 48) zu erzielen, der die darunterliegende Acrylschicht zum Vorschein bringt.

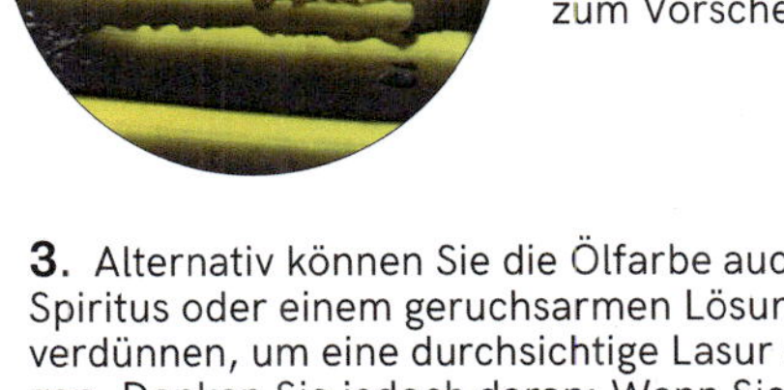

3. Alternativ können Sie die Ölfarbe auch mit Spiritus oder einem geruchsarmen Lösungsmittel verdünnen, um eine durchsichtige Lasur aufzutragen. Denken Sie jedoch daran: Wenn Sie mehrere Schichten anlegen, gilt als Faustregel: erst Acryl-, dann Ölfarbe.

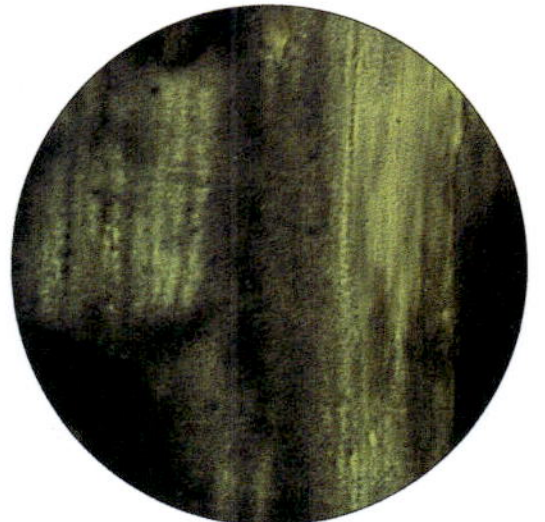

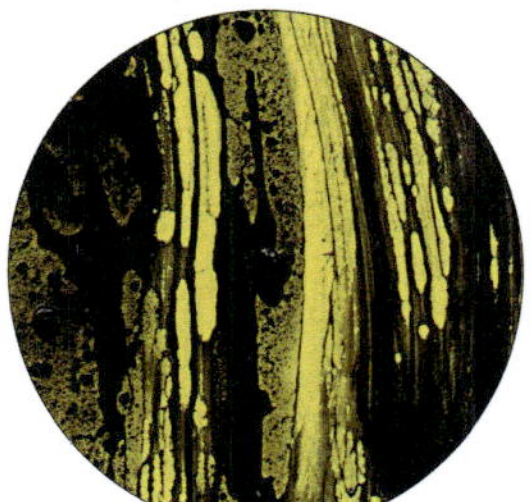

4. Durch weiteres Verdünnen der Ölfarbe können Sie auch eine marmorierte Oberfläche schaffen.

WERKE AUFPULVERN MIT MARMORSTAUB

Marmorstaub ist ein sehr nützliches Mittel für jemanden, der mit Acrylfarben arbeitet. Er dient zum Verdicken von Farbe, sodass sie fester wird und eine leicht kreideähnliche Textur erhält, oder einfach nur dazu, den Farben einen auffälligen Glanz zu verleihen.

Sarah Winkler hat Ihrem Bild *Fjord Echo* (gegenüberliegende Seite) Marmorstaub in mehreren Phasen hinzugefügt. Zuerst hat sie ihn mit Acryl-Gesso gemischt, um die Holzplatte zu grundieren und ihr eine schöne Struktur zu geben. Anschließend hat sie den Marmorstaub mit weißer Acrylfarbe gemischt, um andere Farben aufzuhellen. Das gibt ihrem Bild, wenn Licht darauf fällt, einen schönen schimmernden Glanz.

Da Marmorstaub weiß und leicht perlmuttartig ist, hellt er entweder die Farben auf, mit denen er gemischt wird, oder verleiht weißen Farbtönen einen dezenten Glanz. Wenn Sie eine völlig glatte, porzellanähnliche Oberfläche haben möchten, können Sie jede einzelne Gesso-Schicht (drei bis vier Schichten werden empfohlen) schleifen, was in einem flachen und geschmeidigen Finish resultiert, das noch leicht porös ist. Alternativ können Sie die oberste Schicht schleifen und kreuz und quer verkratzen, um Farbspitzen und Spalten zu erzeugen.

Seien Sie aber vorsichtig, wenn Sie Marmorstaub mit Gesso oder Farbe mischen! Schütten Sie ihn langsam aus und tragen Sie eine Schutzmaske und Handschuhe, um keinen Staub einzuatmen.

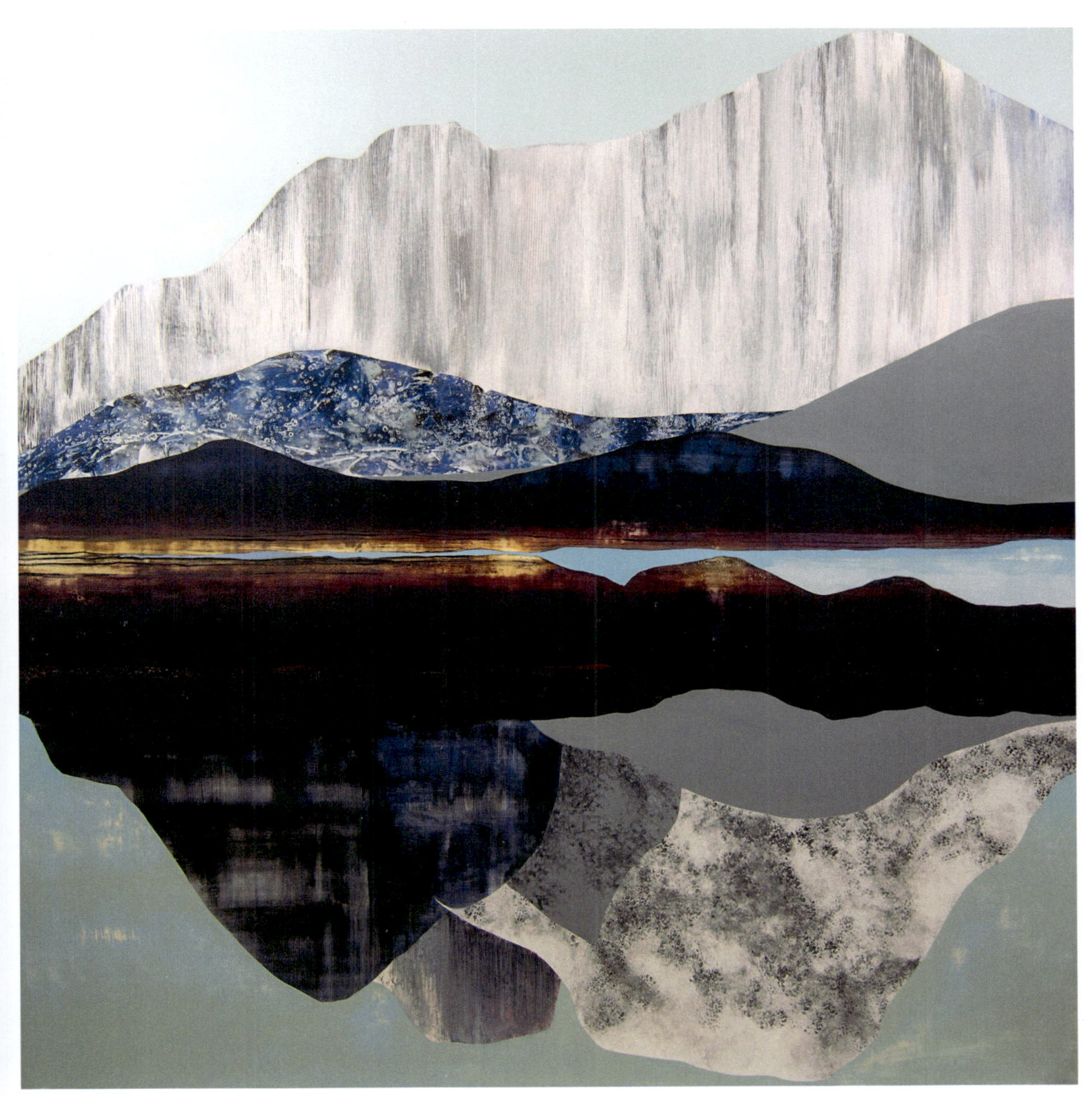

Sarah Winkler, *Fjord Echo*, Acryl, Eisenoxid, Glimmererde und Marmorstaub auf Holz, 2016

SCHIMMERNDE WERKE DURCH IRISIERENDE MEDIEN

Gegenüberliegende Seite: Shannon Finley, *Rhombus (Electric Milk)*, Acryl und irisierendes Medium auf Leinwand, 2013

Als Alternative zur fertig gemischten irisierenden Farbe bietet sich ein irisierendes Malmittel an, das Ihrem Werk Leuchtkraft und Glanz verleiht, wie in der schimmernden abstrakten Arbeit von Shannon Finley auf der gegenüberliegenden Seite. Ein irisierendes Mittel kann unter die Acrylfarbe aufgetragen werden, um perlmuttartig schimmernde Effekte zu bewirken, oder als Lasur auf bereits vorhandene Farbflächen.

Wenn Ihre Pinselstriche sichtbar bleiben sollen und Sie Strukturen einarbeiten möchten, verwenden Sie Borstenpinsel und Malmesser; ein Synthetikhaar-Pinsel hingegen sorgt für eine glattere Oberflächenbehandlung. Irisierende Medien sind im nassen Zustand zwar undurchsichtig, aber nach dem Trocknen lichtdurchlässig, sodass sie die Leuchtkraft der Farben kaum beeinträchtigen.

SELBST AUSPROBIEREN

Acrylfarbe über ein irisierendes Medium auftragen

Tragen Sie mit einem beliebigen Pinsel eine Schicht des irisierenden Mittels für den Hintergrund auf. Sobald dieser trocken ist, legen Sie dünne Lasuren mit Acrylfarbe darüber (siehe Seite 54); das verleiht Ihren Farben einen dezenten Perlmuttschimmer.

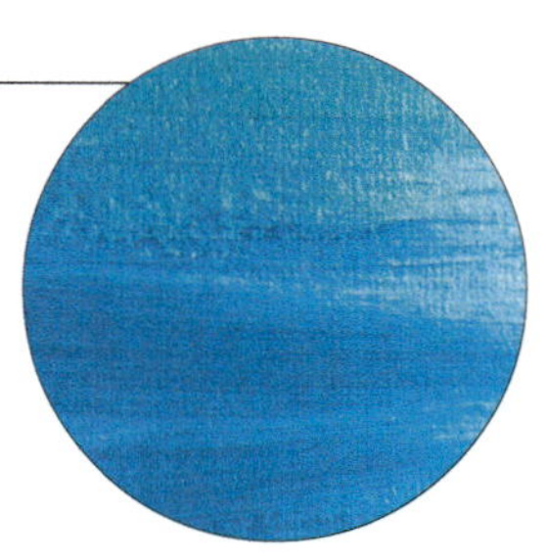

Ein irisierendes Medium über Acrylfarbe auftragen

Bemalen Sie Ihre Oberfläche mit der Acrylfarbe, lassen Sie sie trocknen und tragen Sie anschließend dünne Schichten des irisierenden Mittels auf. Das sorgt für einen reflektierenden Effekt und beeinträchtigt nicht die darunterliegenden Farben.

Farbe mit einem irisierenden Medium mischen

Beleben Sie Ihre Arbeit, indem Sie eine kleine Menge des irisierenden Mittels mit der Farbe mischen, bevor Sie sie auftragen, um Ihrem Werk einen Hauch von Glanz zu verleihen.

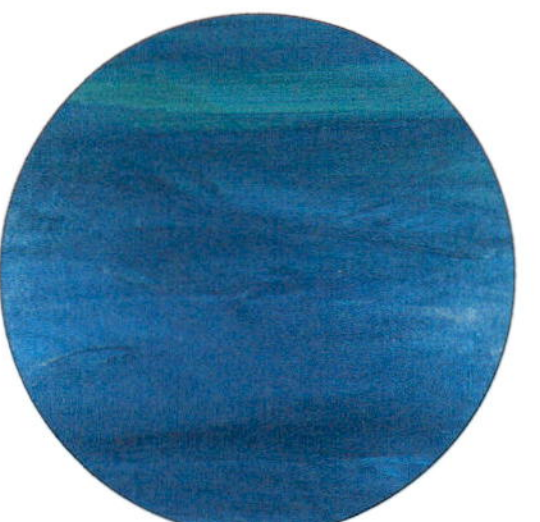

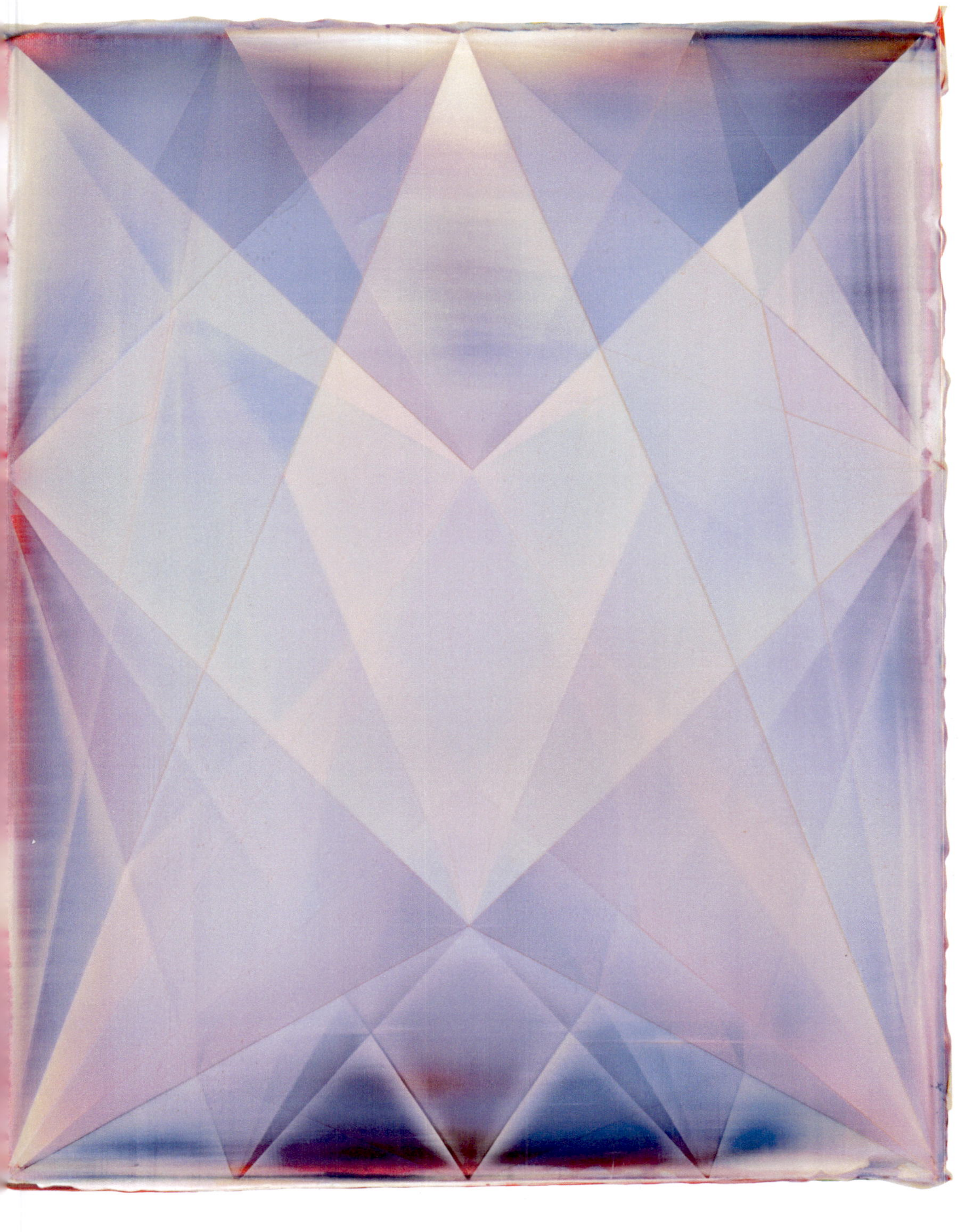

OBERFLÄCHENBEHANDLUNG MIT EMAILFARBE

Die Kombination von ölbasierter Emailfarbe mit Acrylfarbe ist weniger einleuchtend, da sich Öl und Wasser nicht vermischen (siehe Seite 91). Dennoch können Acryl- und Emailfarben in verschiedenen Schichten erfolgreich kombiniert werden, um unterschiedliche Oberflächenbehandlungen zu ergeben. So verwendet etwa die Künstlerin Lori Larusso häufig beide Farben zur Gestaltung ihrer Bilder von einladenden Cocktails und Speisen. Nachdem sie in *Bourbon Sour* den Hintergrund mit Heavy-Body-Acrylfarbe angelegt hatte, verwendete sie Emailfarben von noch dickerer Konsistenz, um Licht zu suggerieren, das vom Glas und der Kirsche reflektiert wird, und um Details wie die Orangenschale und die schwimmenden Eiswürfel zu betonen.

Wenn Sie Acryl- und Emailfarbe kombiniert, arbeitet Larusso mit Schablonen aus selbstklebendem Kontaktpapier für die Gestaltung ihrer Formen und trägt Acrylfarbe in den negativen Bereich der Schablone auf. Sobald die Farbe trocken ist, entfernt sie die Schablone. Anschließend trägt sie die Emailfarbe mit einem mittelharten oder harten Borstenpinsel auf oder gießt kleine Mengen davon in den Negativraum einer anderen Schablone und wartet, bis sie sich gesetzt hat und zu einem erhabenen, leicht glänzenden Finish aufgetrocknet ist.

Larusso arbeitet mit glatten und flachen Oberflächen, z. B. mit Gesso (siehe Seite 20) vorbereiteten Holzplatten oder Polymetall, wodurch sich die Email- und die Acrylfarbe einfacher verteilen lassen.

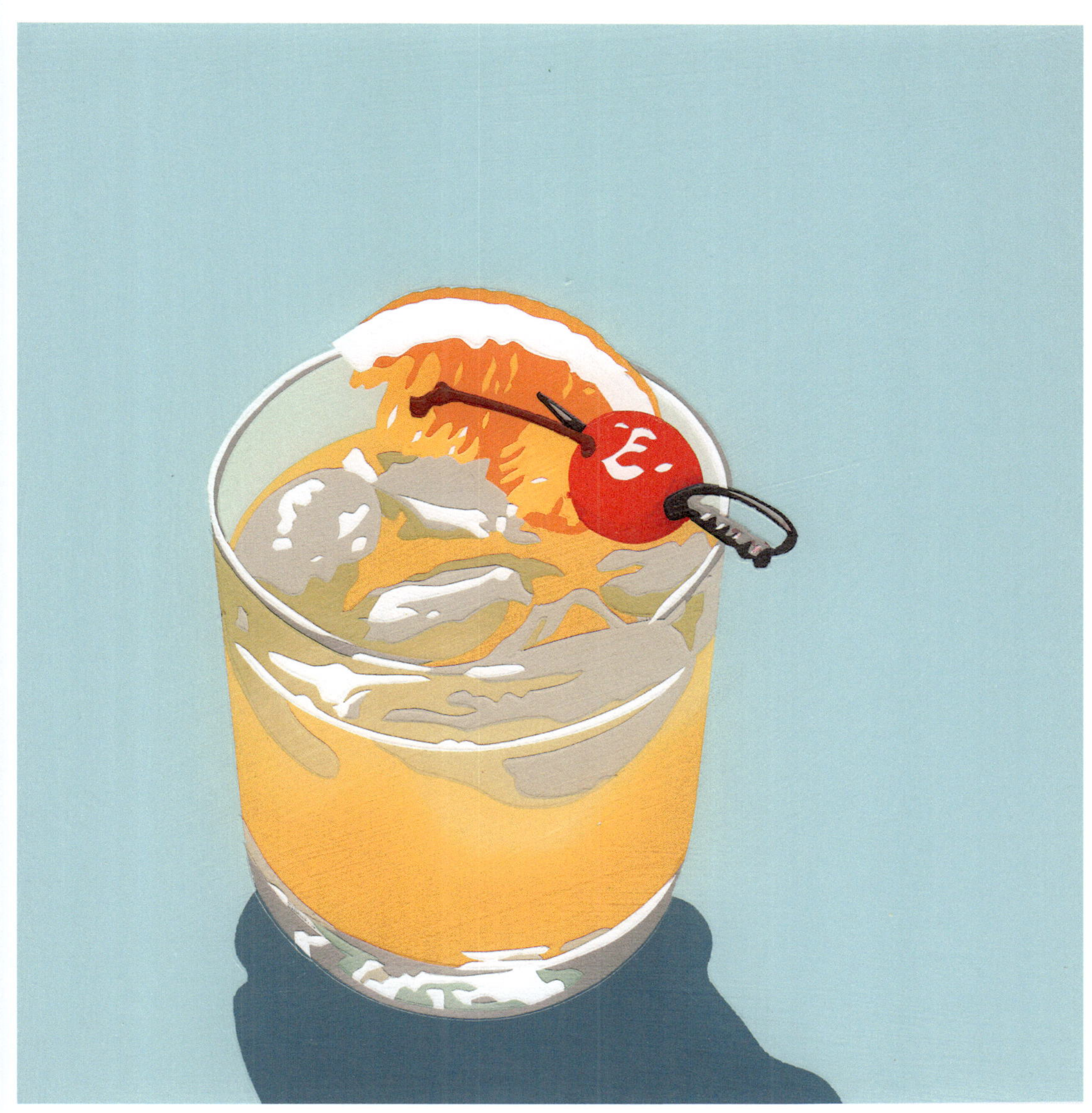

Lori Larusso, *Bourbon Sour*, Acryl- und Emailfarbe auf Holz, 2016

GLÄNZENDE BILDER MIT BLATTGOLD

Acrylfarbe ist optimal geeignet, wenn man sein Bild mit einem Goldschimmer bereichern möchte, denn im Gegensatz zu Ölfarben lässt Acryl das Blattgold nicht anlaufen bzw. matt werden. Es gibt zwar mehrere Arten von Acrylfarbe, die zu einem goldenen Finish auftrocknen, jedoch verleiht Blattgold dem Bild mehr Tiefe und einen polierten Glanz. Sie können damit goldene Akzente setzen oder einen schimmernden Hintergrund gestalten.

Wenn Sie mit Blattgold arbeiten, legen Sie zuerst eine farbige Grundschicht an. Warten Sie, bis sie trocken ist, und tragen dann mit einem Pinsel Anlegemilch (ein Spezialkleber für Blattgold) auf die Stellen auf, an denen Sie das Blattgold anbringen möchten. Warten Sie etwa 10 Sekunden, bis es klebrig wird, und legen dann das Blattgold auf. Streichen Sie anschließend mit einem weichen Fächerpinsel darüber, um eventuelle Falten zu glätten.

In der Arbeit auf der gegenüberliegenden Seite hat Ang Tsherin Sherpa Blattgold über eine schwarze Grundschicht aufgetragen. Als sie völlig trocken war, hat er sie langsam in kleinen Kreisbewegungen mit Samt poliert, sodass das Gold schön glänzte. Nachdem diese Schicht getrocknet war, hat er mit winzigen Pinselstrichen einen dunkleren Farbton aufgetragen, um den Effekt der Trockenpinseltechnik (siehe Seite 26) nachzuahmen. Dies ist eine traditionelle tibetische Technik, die als *kam dang* bezeichnet wird.

SELBST AUSPROBIEREN

1. Bestreichen Sie die Stellen, an denen Sie das Blattgold auftragen möchten, mit Anlegemilch (für Aquarellpapier eignet sich am besten ein Acrylkleber). Verwenden Sie einen kleinen weichhaarigen Pinsel für kompliziertere Bereiche und einen flachen, breiten weichhaarigen Pinsel für die größeren Flächen. Eventuell müssen Sie den Spezialkleber mit etwas Wasser verdünnen und mehr als eine Schicht auftragen, um keine Pinselspuren zu hinterlassen. Beachten Sie die Hinweise des Herstellers für die Trocknungszeiten.

2. Legen Sie ein Stück Blattgold mit der Goldseite auf die mit dem Kleber beschichtete Fläche und reiben Sie sachte über die Rückseite des Transferpapiers. Üben Sie nur dort Druck aus, wo sich auch das Gold befindet. Beim Abdecken großer Flächen legen Sie die einzelnen Blattgoldbogen so aneinander, dass sie sich ein paar Millimeter überschneiden, damit keine Lücken entstehen. Wenn Sie goldglänzendes Schlagmetall verwenden, das versiegelt werden muss, warten Sie mindestens 24 Stunden, bevor Sie Ihre Arbeit mit einem Schutzlack beschichten.

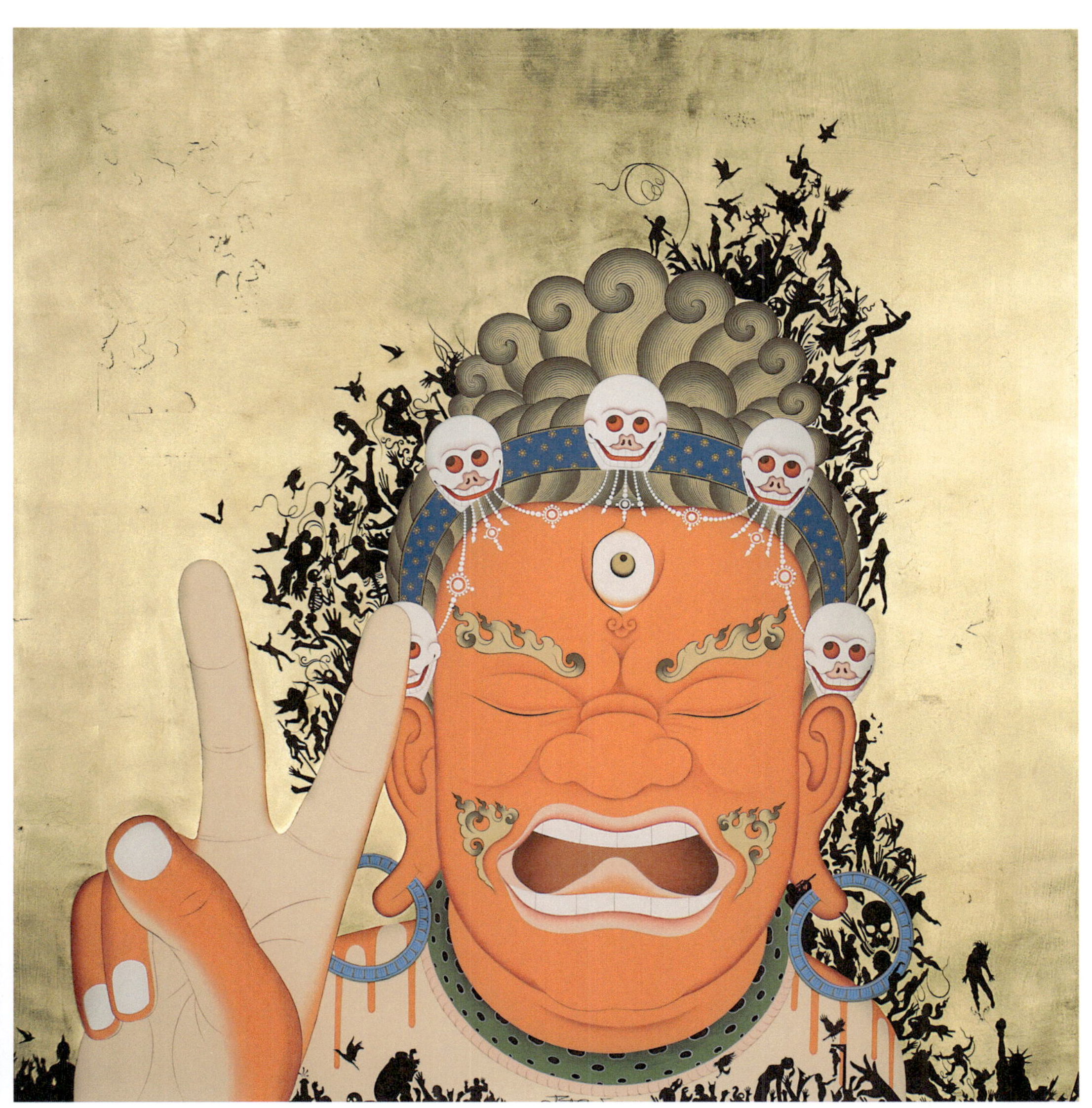

Ang Tsherin Sherpa, *Red Spirit*, Blattgold, Acryl und Tusche auf Baumwolle, 2011

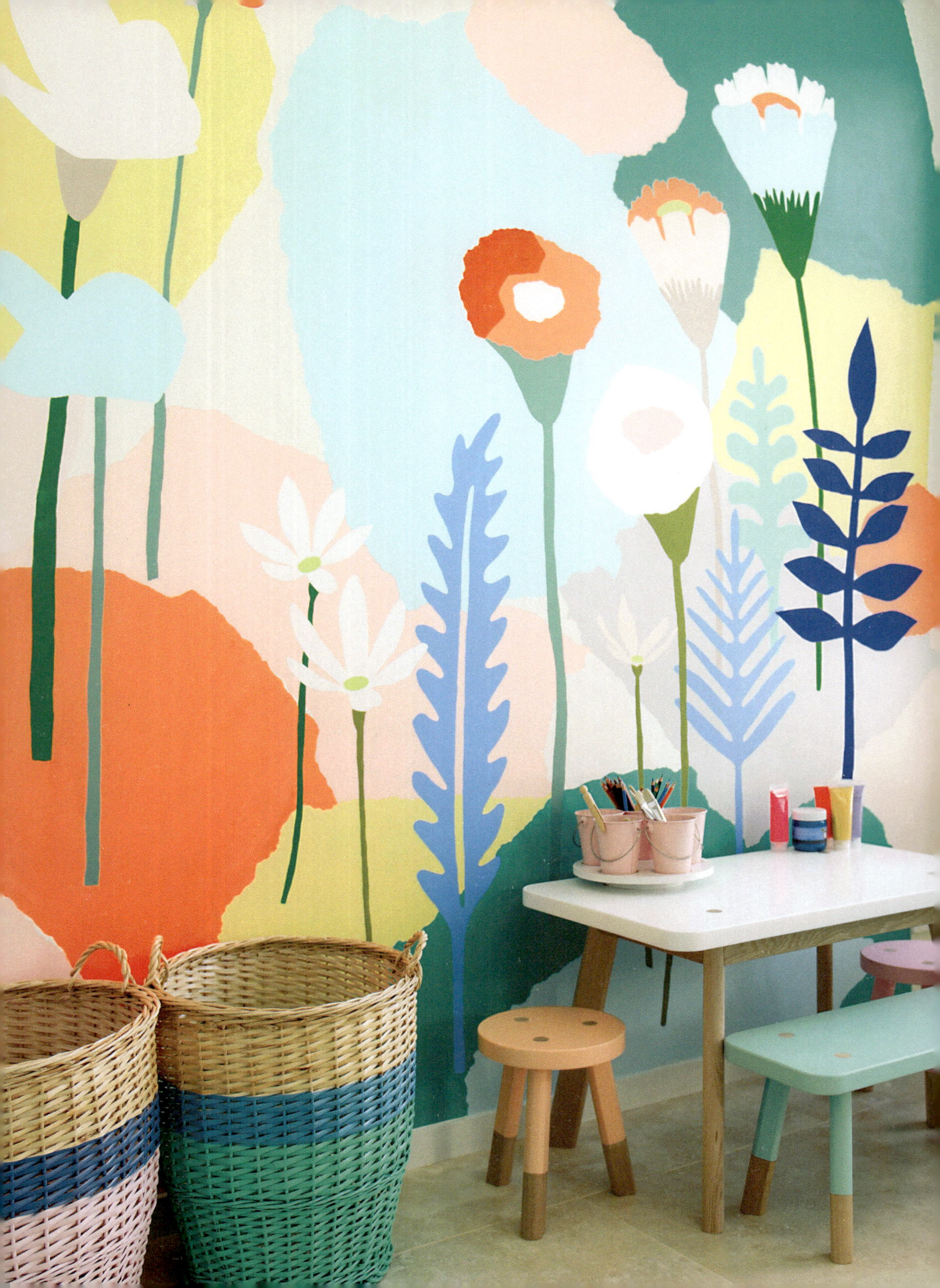

BUNTE INNENWÄNDE GESTALTEN

Gegenüberliegende Seite: Leah Bartholomew, Wandmalerei für ein Privathaus, Acryl auf Wandputz, 2015

Wandmalereien gibt es schon seit Jahrtausenden - seit der Mensch zu malen und zu zeichnen begann -, und heutzutage lassen sich die Wände von Innenräumen kreativ gestalten. Dazu kann man jede beliebige Acrylfarbe verwenden; achten Sie nur darauf, dass die Oberfläche sauber, fettfrei und trocken ist und ordentlich mit einer Wandgrundierung (erhältlich für Innen- und Außenanstriche) vorbereitet wurde. Verwenden Sie Soft-sBody-Farbe für ein glattes, flaches Finish oder Heavy-Body-Farbe, wenn Sie eine eher strukturierte Oberfläche wünschen.

Verdünnen Sie Ihre Farbe nicht mit Wasser, denn so bleibt sie strapazierfähig und tropft nicht. Für beste Resultate geben Sie Ihrer Farbe den Acrylbinder GAC 200 hinzu, und zwar im Verhältnis 1:2, der die Filmhärte Ihrer Farbe und ihre Haftung auf Wänden erhöht, die nicht so gut Farbe absorbieren. Zwar hält die Farbe nicht ewig, sie kann mit der Zeit verblassen oder sich abrubbeln, aber mit dem Acrylbinder bekommt sie eine längere Lebensdauer. Eine Alternative ist Sprühfirnis aus der Spraydose; auch dadurch haben Sie länger etwas von Ihrem Wandgemälde und schützen es vor Kratzern.

Schablonen (siehe Seite 72) werden ebenfalls häufig für großformatige Kunstwerke wie Wandmalereien benutzt. Wenn Sie Schablonen auf einer Wand anbringen, arbeiten Sie mit großen Pinseln oder Schaumstoffrollen. Diese sind vom Aufbau dichter, behalten weniger Farbe zurück und sorgen daher für eine einheitliche und gleichmäßige Oberflächenbehandlung.

FLUID-
ART

DIE SCHÖNE WELT DER FLUID-ART

Der Begriff „Fluid-Art" umfasst eine Vielzahl immer beliebter werdender Gießtechniken mit Acrylfarbe, mit denen sich einzigartige, spontane Arbeiten schaffen lassen. Vom einfachen Ausgießen der Farbe auf eine Leinwand bis zur Verwendung von Acrylmedien, die überraschende Strukturen schaffen, können Sie endlos experimentieren und Spaß daran haben. Die Resultate, die sich aus diesen Techniken ergeben, erscheinen oft wie zufällig, etwa das Werk von Arthur Brouthers auf der gegenüberliegenden Seite. Aber gerade darin liegt ihre Schönheit.

Wie der Name schon sagt, zeichnet sich diese Technik im Wesentlichen durch die Verwendung von Farben mit sehr gutem Fließvermögen aus, mit der sich leicht schöne geschwungene Linien gestalten lassen. Sie können natürlich auch dickere Farben mit Wasser oder einem Fließmedium verdünnen, aber wenn Sie eine helle, satte Farbe haben wollen, eignet sich liquide bzw. Fluid-Acrylfarbe am besten.

Wenn Sie auf Leinwand arbeiten, sollten Sie sie vorher grundieren (siehe Seite 20), um eine gleichmäßige Oberfläche zu schaffen, die stark genug ist, jede Menge Farbe auszuhalten; Leinwandplatten eignen sich ebenfalls gut.

Sie ahnen vielleicht schon, dass diese Art des künstlerischen Schaffens alles andere als eine saubere Angelegenheit ist. Sie sollten sich daher Plastikplanen und -schalen sowie Gummihandschuhe besorgen. Zum Ausgießen der Acrylfarbe eignen sich auch Plastikbecher, Quetschflaschen sowie andere Utensilien, mit denen man die Farbe bearbeiten kann, z. B. Stäbchen und Federn. Sie können der Acrylfarbe auch Silikonöl beimischen, das im Bild farbige Zellstrukturen erzeugt. Eine etwas kostspieligere Investition ist ein Küchenbrenner, mit dem Sie noch mehr Zellen in Ihre Werke einarbeiten können.

Neugierig geworden? Auf den nächsten Doppelseiten lernen Sie einige der interessantesten Fluid-Art-Techniken kennen, mit denen Sie das nächste Level der Acrylmalerei erreichen.

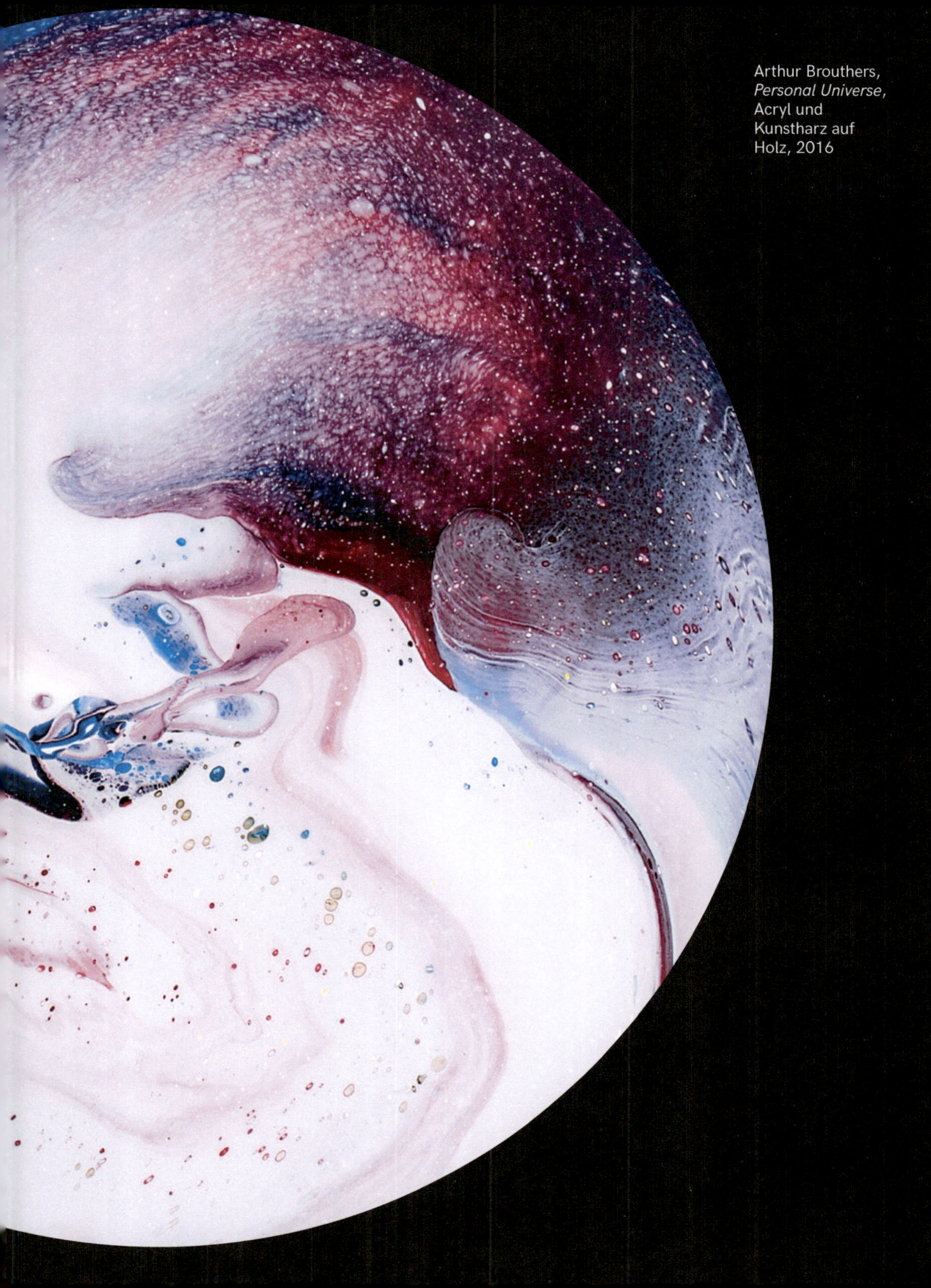

Arthur Brouthers,
Personal Universe,
Acryl und
Kunstharz auf
Holz, 2016

DIRTY POUR

Gegenüberliegende Seite: Ein vollendetes Dirty Pour aus vier Farben von Annemarie Ridderhof.

Das „Dirty Pour" ist eine der beliebtesten Techniken der Fluid-Art. Hier werden die Farben zunächst einzeln vorbereitet und dann in einen Becher gegeben, um anschließend auf den Malgrund gegossen zu werden. Es geht hier nicht darum, Farben zu vermischen, sondern unvorhersehbare Resultate in Form schöner Falten und Wirbel zu schaffen.

Für optimale Ergebnisse sollte jede Farbe separat mit einem Acryl-Gießmedium gemischt werden. Verwenden Sie liquide Farben oder Acryltinten, da sich diese leichter und gleichmäßiger mit dem Gießmedium vermischen als Heavy-Body-Farbe.

Wie viel Farbe Sie für jede Technik verwenden, hängt von der Größe der Leinwand und Ihrer künstlerischen Vorstellung ab. Als Faustregel gilt: Wenn Sie Ihre Leinwand etwas kippen wollen, sodass sich die Zellen ausdehnen und mehr Wirbel entstehen, benötigen Sie mehr Farbe. Denken Sie auch daran, dass sich dünnere Farben weiter ausdehnen als dickflüssigere.

SELBST AUSPROBIEREN

1. Bereiten Sie jede Farbe vor, indem Sie das Acryl-Gießmedium mit einem kleineren Anteil Farbe (etwa im Verhältnis 3:1) mischen. Geben Sie anschließend ein paar Tropfen Silikonöl zu jeder Farbe hinzu und mischen das Ganze so, als würden Sie einen Teig unterheben.

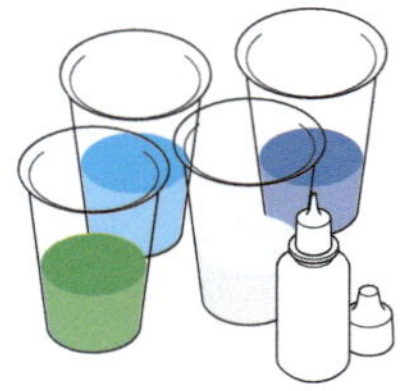

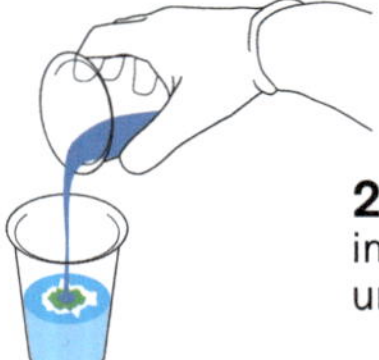

2. Gießen Sie jede Mischung in denselben Becher, immer in die Mitte der Flüssigkeit; dann einmal umrühren.

3. Legen Sie Ihre Leinwand auf den Becherrand. Jetzt, ohne dass sich der Becher von der Leinwand löst, drehen Sie das Ganze mit Schwung auf den Kopf, sodass sich der Becher verkehrt herum auf der Leinwand befindet.

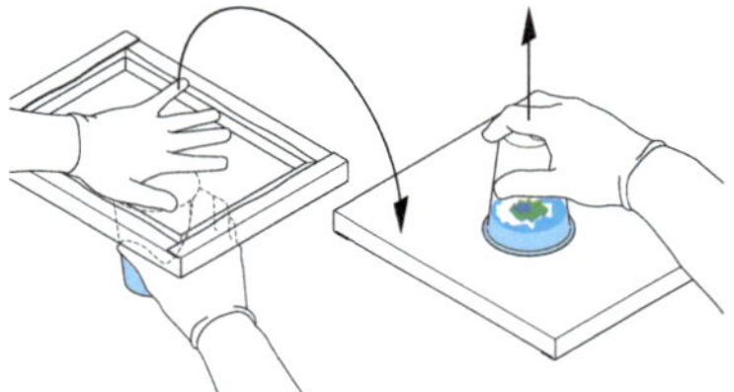

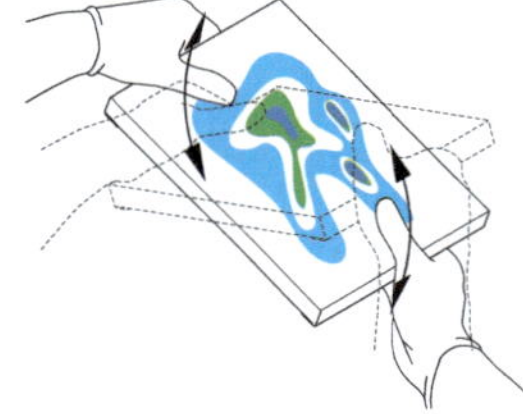

4. Heben Sie die Tasse in einer einzigen schnellen Bewegung ab und neigen Sie die Leinwand etwas nach unten, sodass sich die Farbe auf natürliche Weise verteilt. Sie können die Farbe in diesem Zustand mit einer Heißluftpistole flambieren, um noch mehr Zellen zu erzeugen.

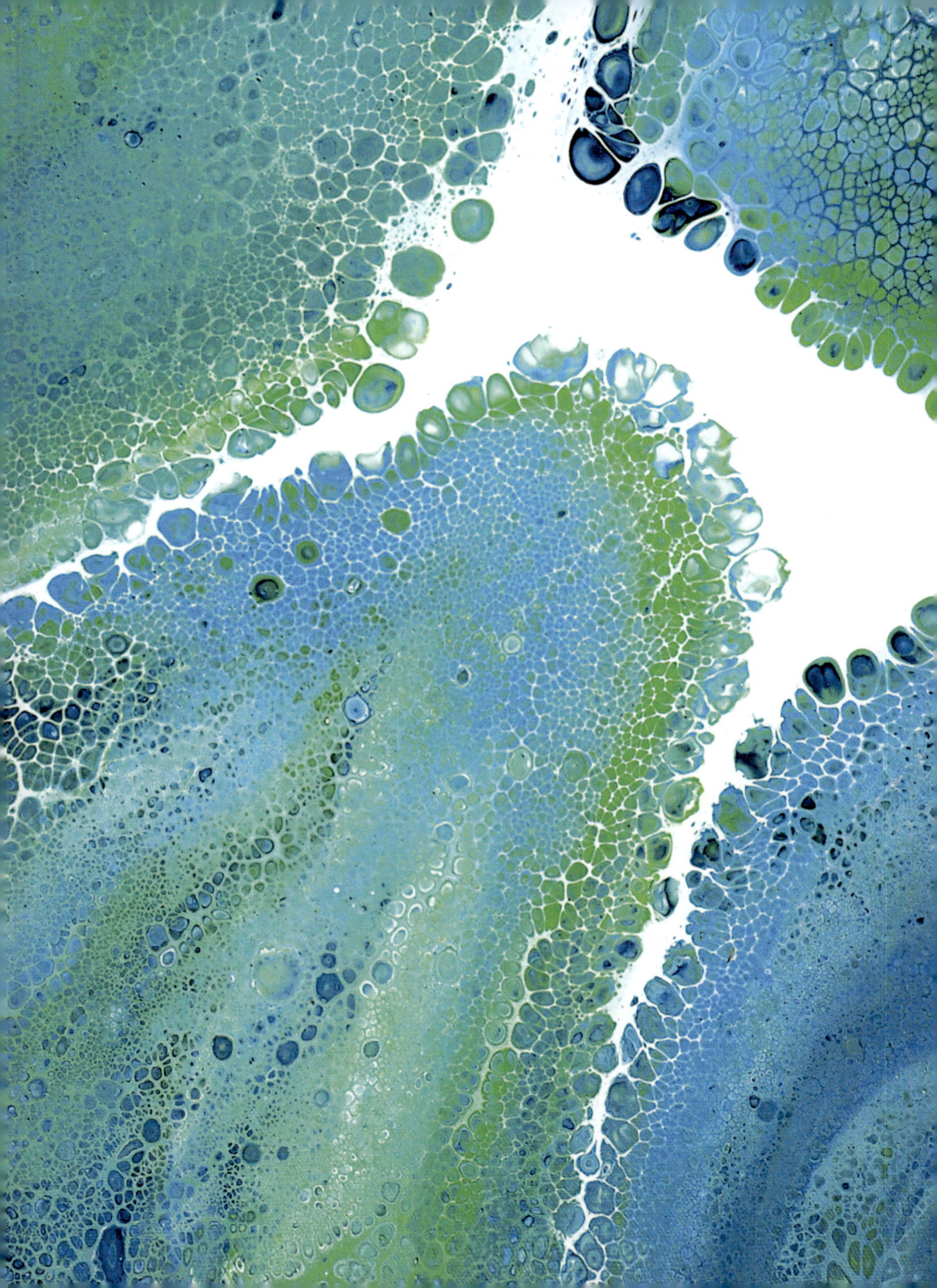

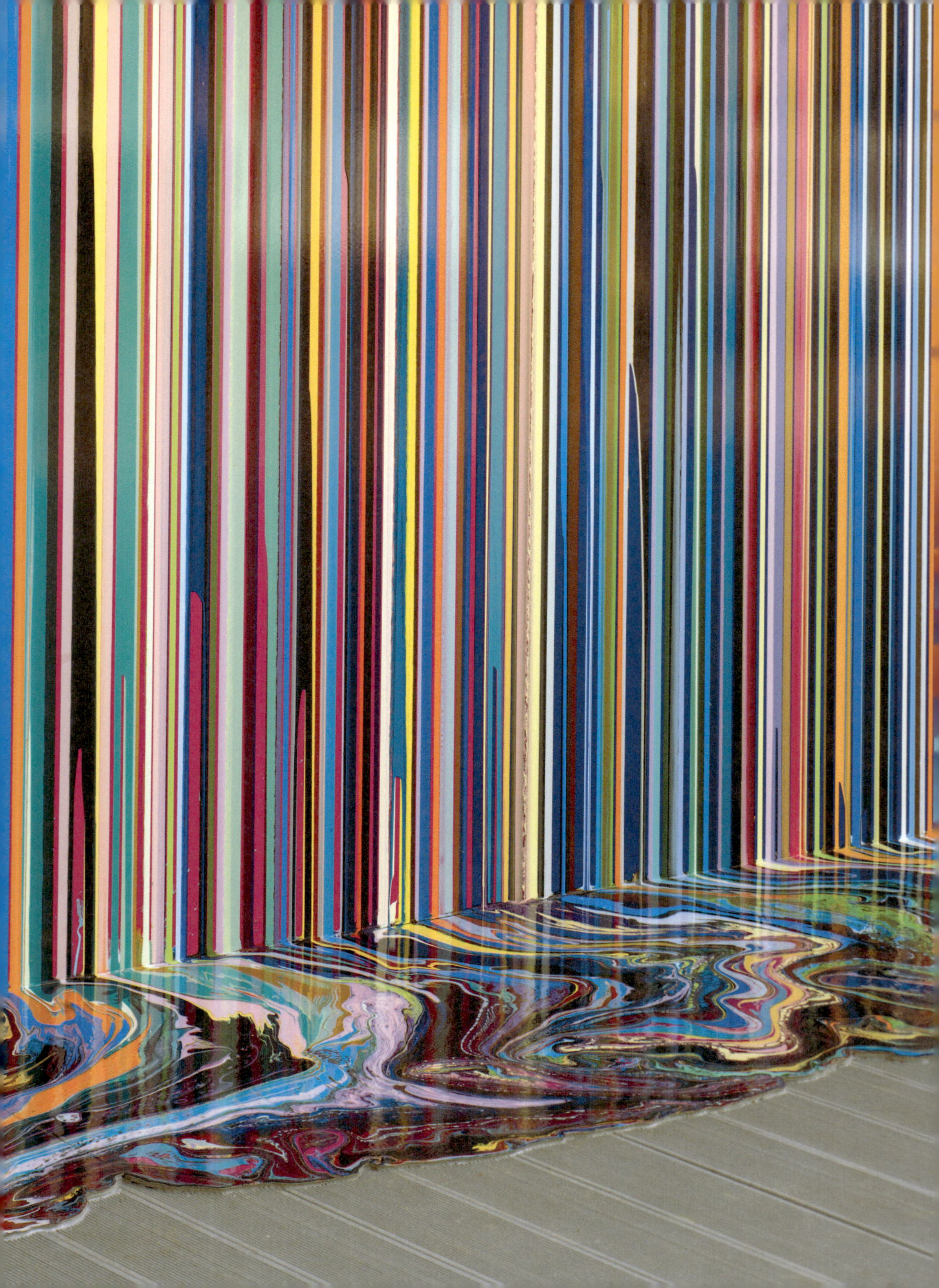

EINEN WASSERFALL AUS FARBEN GESTALTEN

Gegenüberliegende Seite: Ian Davenport, *Giardini Colourfall*, Acryl auf Aluminiumplatte, 2017

In dem Werk auf der gegenüberliegenden Seite hat der Künstler Ian Davenport nicht freigebig jede Menge Farbe vom oberen Rand seiner Aluminiumplatte gegossen, sondern er hat die Farbe mit einer Spritze „aufgetragen", um die Ergebnisse genau zu kontrollieren. Die Aluminiumplatte wurde senkrecht aufgestellt, sodass die Acrylfarben von oben herunterfließen konnten, wodurch über die gesamte Länge vertikale, parallele Streifen entstanden, die einen prächtigen Teppich aus Acrylfarben bilden.

Für solch einen Wasserfall aus Farben sind Fluid- oder Soft-Body-Farben am besten geeignet. Die Konsistenz der herablaufenden Farbe darf nicht zu dünnflüssig sein - mit Acryltinte z. B. funktioniert das nicht, da sie keine einzelnen Linien hinterlässt. Sollten Sie Heavy-Body-Farbe verwenden, dann mischen Sie sie mit einem Gießmedium oder einem dünnflüssigen Clear-Gel, um einen guten Farbverlauf zu gewährleisten.

Liquide bzw. Fluid-Acrylfarben können für alle Oberflächen verwendet werden, vorausgesetzt, sie sind glatt und robust. (Falls Sie Papier verwenden, achten Sie darauf, dass es mindestens 300 g/m^2 wiegt.) Wenn Sie mit einer nicht saugfähigen Fläche wie Metall arbeiten, kann die Farbe nach dem Trocknen sogar abgezogen und zu dreidimensionalen Objekten geformt werden. Bei Davenport verlängern die Farben, die sich unten am Boden seiner Platte sammeln, gewissermaßen das Kunstwerk, indem sie in gewundenen Bewegungen verlaufen.

INSPIRIERENDE TIPPS ZUR FLUID-ART

Da Sie nun mit den Grundlagen des Farbgießens vertraut sind, können Sie einige interessante Tricks ausprobieren. Die Künstlerin Annemarie Ridderhof hat dafür einige ihrer Lieblingstechniken ausgewählt, um Ihnen den Einstieg zu erleichtern.

Wing Pour oder „Flügel" gestalten

Um flügelähnliche Formen zu kreieren, schichten Sie beliebig viele Farben - ohne Silikonöl - in einem Becher auf. Anschließend heben Sie Ihre Leinwand oben etwas an und gießen den Becher im Abstand von 2 bis 3 Zentimetern vom oberen Rand auf die Oberfläche. Bewegen Sie den Becher dabei auf und ab, um etwa 1 bis 2 Zentimeter lange Linien zu formen. Sobald sie die Farbe ausgegossen haben, kippen Sie die Leinwand vorsichtig von einer Seite zur anderen, sodass die Farbe ins Fließen kommt und verläuft, bis Sie mit der Form Ihrer Flügel zufrieden sind.

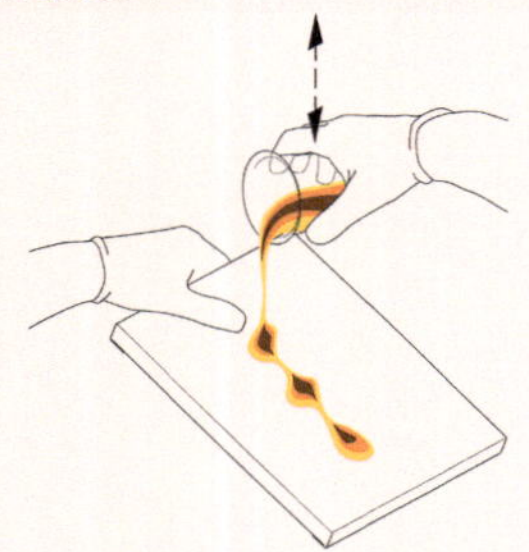

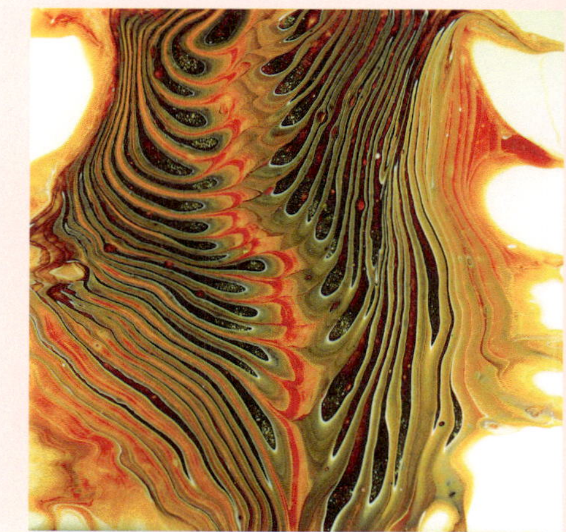

Colander Pour oder kreativ sein mit dem Nudelsieb

Tragen Sie großzügig eine einzelne Farbe auf Ihre Leinwand auf. (Geben Sie der Farbe kein Silikonöl bei, da sich sonst Grübchen im Hintergrund bilden.) Stellen Sie nun ein Nudelsieb auf die nasse Oberfläche und gießen Sie einzelne Farben - oder einen Becher mit Dirty Pour - in die Mitte des Siebs. Die Farbe formt sich zu einem Muster und verteilt sich langsam.

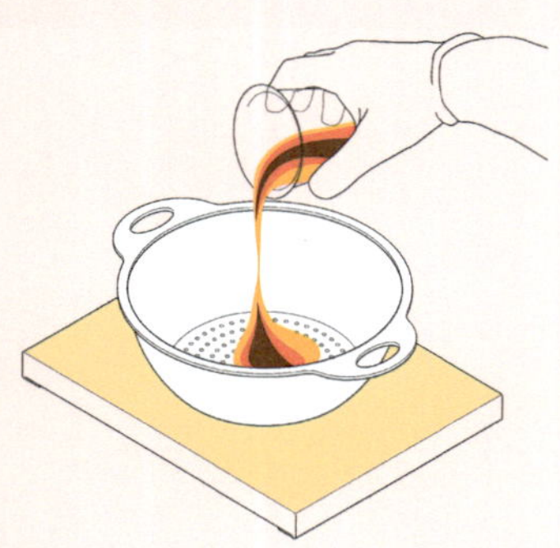

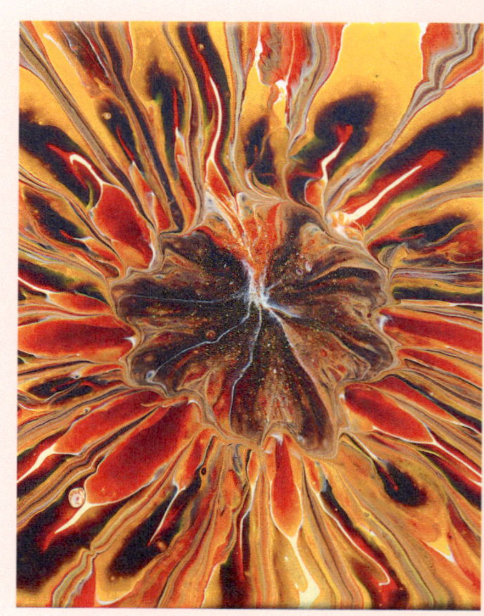

Bottle Cap Pour oder Bilder mit Flaschenverschlüssen kreieren

Überziehen Sie Ihre Leinwand mit einer Farbschicht und verteilen Sie die Farbe gleichmäßig mit einem Pinsel oder einem großen Malmesser. Ist die Leinwand vollständig bedeckt, schichten Sie Farbe in mehreren Flaschenverschlüssen auf, wobei Sie jede Farbe mehrmals verwenden. Wie viele Verschlüsse Sie benutzen und wie viel Farbe Sie hineinfüllen, liegt allein an Ihnen. Sobald die Verschlüsse gefüllt sind, kippen Sie sie auf die feuchte Hintergrundfarbe und ziehen sie über die Leinwand in die gewünschte Position. Danach heben Sie die Verschlüsse leicht an und bewegen sie über die Leinwand, damit die gesamte Farbe hinausläuft. Nach dem Entleeren können Sie die Farbe flambieren oder so belassen, wie sie ist.

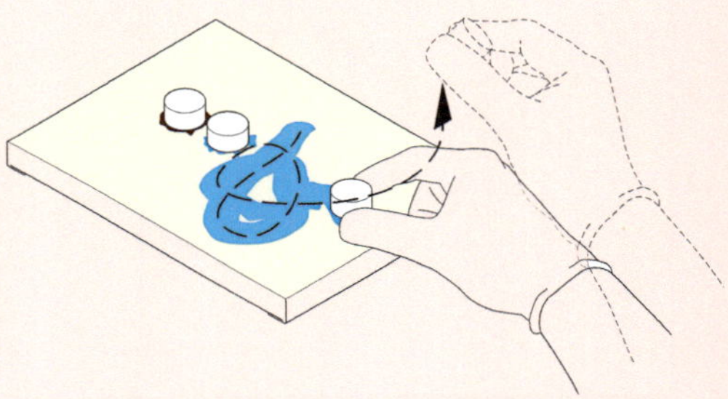

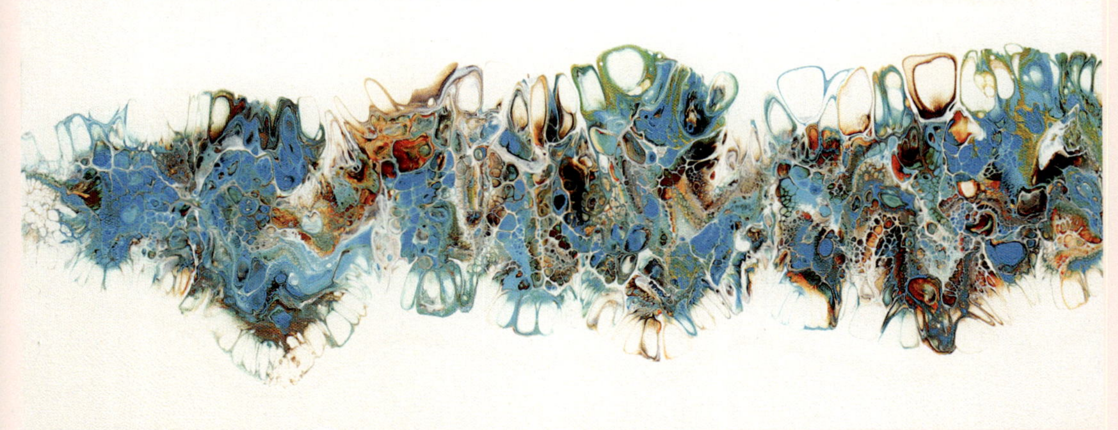

Kreatives Gestalten mit einem Luftballon

Dies ist eine einfache, aber effektive Technik. Bemalen Sie zunächst die Leinwand mit einer Farbe Ihrer Wahl. Im Anschluss gießen Sie, während diese Grundschicht noch feucht ist, drei oder vier Farben - separat vorbereitet und jeweils mit einigen Tropfen Silikonöl versehen - auf die Leinwand, und zwar übereinander, sodass sich kleine Pfützen bilden. Sie können so viele Pfützen erzeugen, wie Sie möchten, doch sollten sie im Durchmesser nicht größer als 4 Zentimeter seien. Jetzt drücken Sie einen aufgeblasenen Luftballon, der groß genug ist, um jede Pfütze komplett zu bedecken, kurz auf die von Ihnen angelegten Farbpfützen. Sie können die Pfützen in diesem Zustand mit einer Heißluftpistole bearbeiten oder sie so belassen.

Sobald Sie mit der Arbeit an Ihren Kreisen fertig sind, schichten Sie die restliche Farbe in einem Becher auf und gießen horizontale und vertikale Bänder über die Leinwand, um die Kreise zu verbinden. Auch hier steht es Ihnen frei, die Bänder zu flambieren oder sie so zu belassen, wie sie sind.

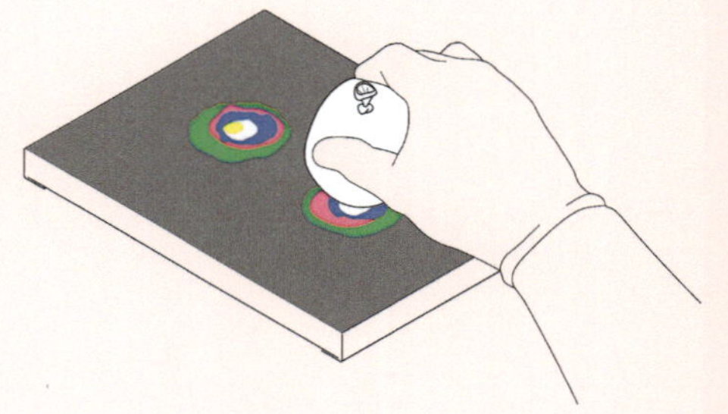

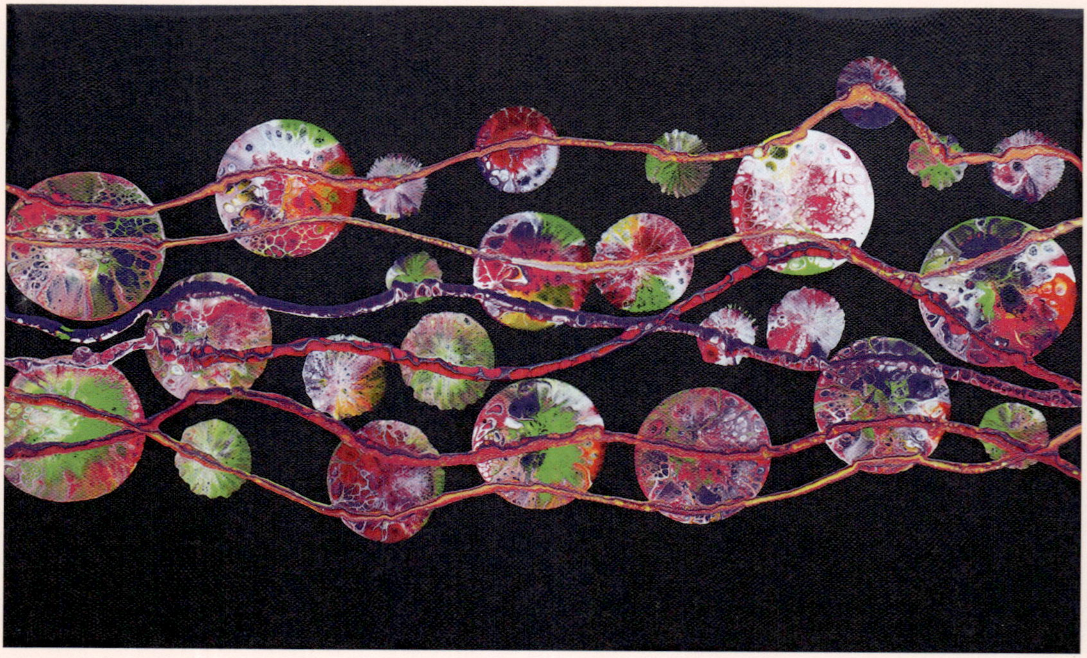

Malen mit einem halben Plastikbecher

Mit dieser Technik lassen sich wunderschöne Farbzellen gestalten. Bemalen Sie die Leinwand zunächst großzügig mit einer einfarbigen, silikonölfreien Farbe. Danach schneiden Sie einen Plastikbecher in zwei Hälften und platzieren den oberen Teil so auf die Leinwand, dass der Becherrand rundum vollständig aufliegt.

Gießen Sie nun verschiedene Farben in den offenen Becher, sodass sich so viele Schichten bilden, wie Sie möchten. Sie können an dieser Stelle etwas mehr von Ihrer Hintergrundfarbe rund um den Becher gießen, um zu gewährleisten, dass die Farben in dem Becher gänzlich von der Hintergrundfarbe umgeben sind. Jetzt schieben und ziehen Sie den offenen Becher über die Leinwand. Die Farben werden langsam durchsickern und sich unter der Hintergrundfarbe verteilen. Wenn Sie damit fertig sind, kippen Sie die Leinwand vorsichtig, damit sich die Farben verteilen. Beobachten Sie, welch schöne Farbzellen dadurch zustande kommen.

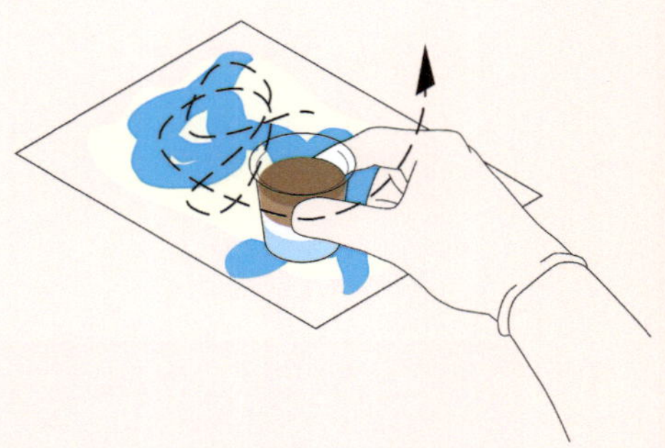

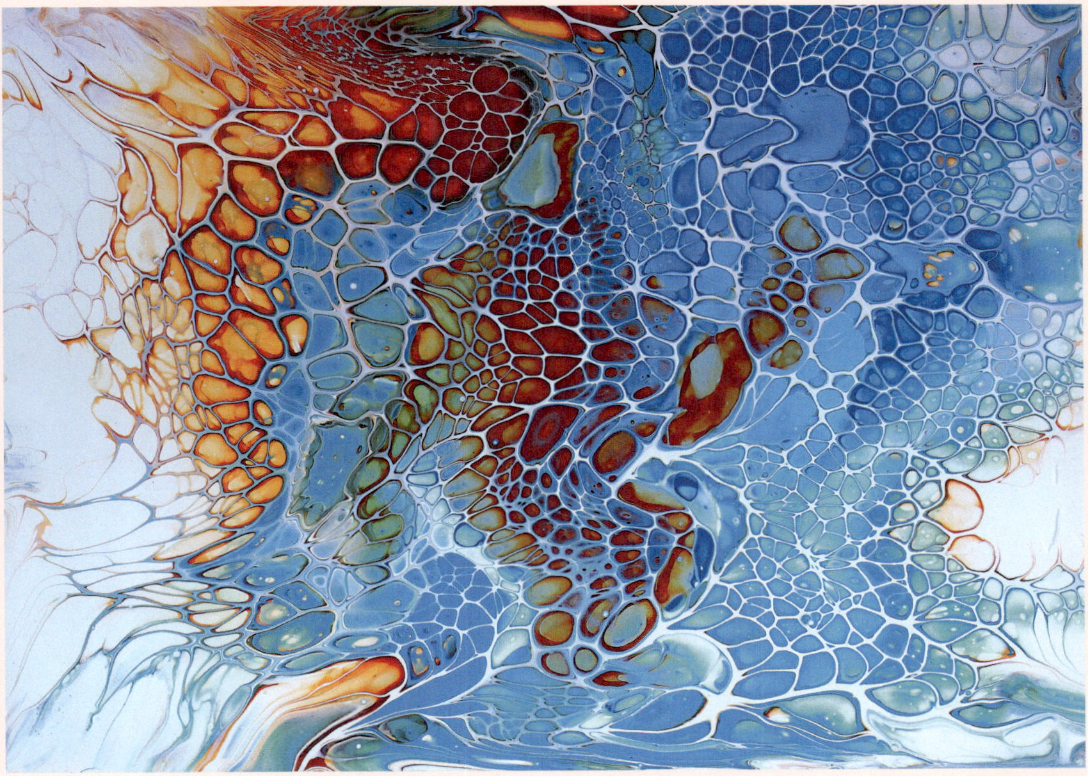

MUSTER GESTALTEN MIT MARMOREFFEKT

Gegenüberliegende Seite: Jemma Lewis, *Navy Fantasy*, Metallic-Acrylfarbe auf Papier, 2019

Die Marmorierung ist eine sehr beliebte Technik, mit der sich eindrucksvolle Muster gestalten lassen, und zwar entweder mit auf reinem Wasser treibenden Farben oder auf Wasser, gemischt mit einem Bindemittel, sodass die Farben anschließend auf Papier übertragen werden. Optimal geeignet sind Fluid-Farben oder Farben mit einem sehr guten Fließvermögen, die sich über die gesamte Wasseroberfläche verteilen, ohne sich dabei gänzlich zu vermischen. Dadurch entstehen mäandernde sowie dynamische Wirbel und Formen.

Acrylfarbe basiert auf Wasser. Damit sie nicht verwässert, sobald sie sich im Wasser befindet, muss die Dichte des Wassers erhöht werden. Dies kann geschehen, indem man dem Wasser Speisestärke oder fertig gemischtes Marmormehl hinzugibt. Für optimale Ergebnisse sollten Sie ein hochwertiges Papier verwenden, das mindestens 150 g/m^2 wiegt und eine glatte Oberfläche hat. Eine Marmorierung kann auch auf andere Materialien wie Stoffe, Leinwand- oder Gesso-Platten aufgetragen werden, indem man diese in große Tintenfässer taucht.

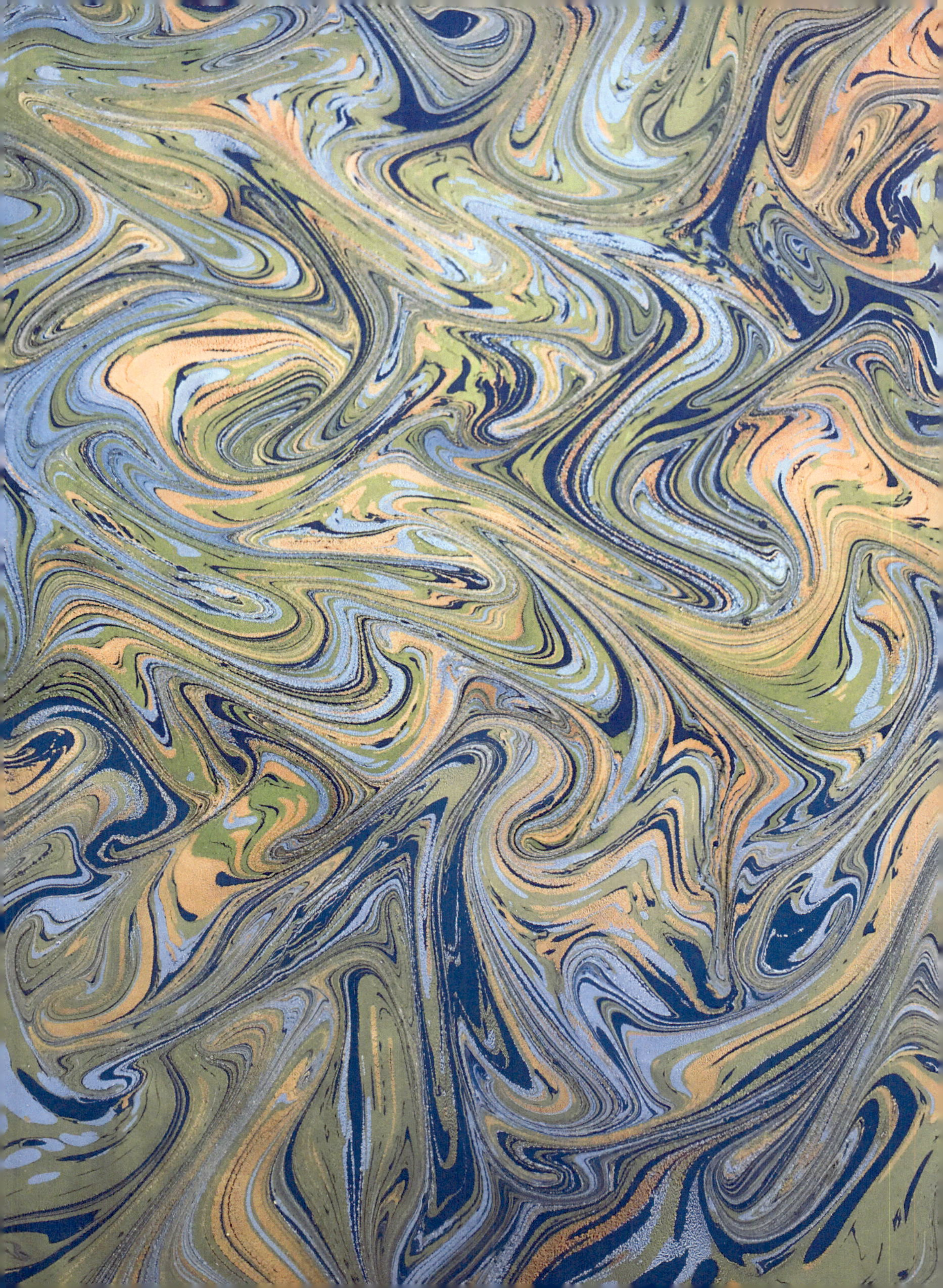

1. Geben Sie dem Wasser Speisestärke hinzu (etwa 2 oder 3 Teelöffel auf jeweils 150 ml) und erhitzen Sie es unter Umrühren, bis es leicht andickt. Alternativ können Sie auch fertig gemischtes Marmormehl verwenden.

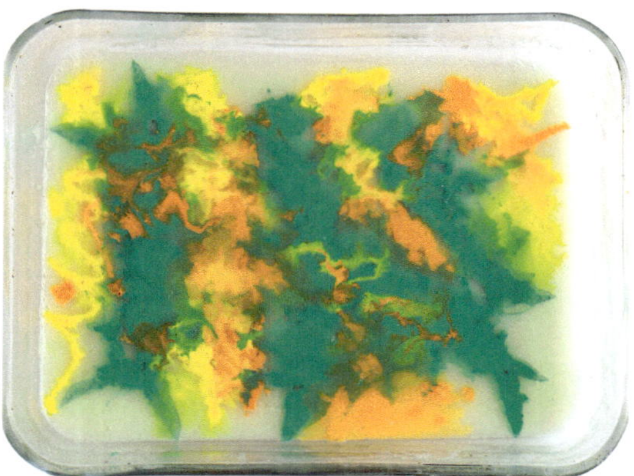

2. Gießen Sie das angedickte Wasser in eine flache Wanne, die groß genug für den Malgrund ist, den Sie marmorieren möchten, dann abkühlen lassen. In der Zwischenzeit bereiten Sie eine zweite Wanne in der gleichen Größe vor, die mit frischem Wasser gefüllt ist. Ist das angedickte Wasser abgekühlt, geben Sie nacheinander Ihre Fluid-Acrylfarben hinzu. Beginnen Sie mit den Farben, die in Ihrem Kunstwerk am meisten hervorstechen sollen.

3. Gestalten Sie die Farben zu Mustern, indem Sie sie mit dem Werkzeug Ihrer Wahl - Pinselstiele, Zahnstocher und Kämme eignen sich sehr gut dafür - hin und her ziehen und herumwirbeln. Legen Sie nun Ihr Blatt Papier flach auf die auf dem Wasserbett treibende Farbe. Anschließend fassen Sie es an zwei sich gegenüberliegenden Ecken und heben es ab: Das Papier nimmt die Farbe auf, als wäre es ein Bildtransfer.

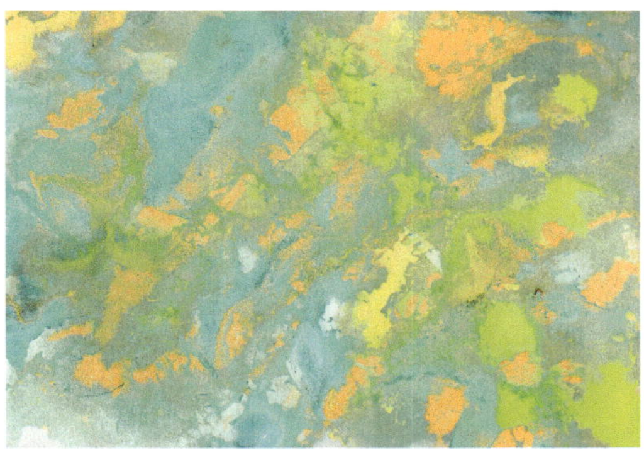

4. Spülen Sie das Papier in der Wanne mit dem sauberen Wasser schnell ab und legen Sie es dann beiseite, damit es im Liegen auf einer Zeitungsseite oder einem Drahtgitter trocknet.

DIE KÜNSTLERINNEN UND KÜNSTLER

Mary Arkless
facebook.com/maryarklessart

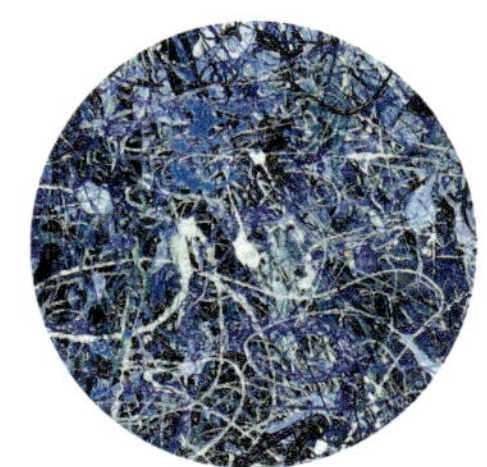

Die Künstlerin Mary Arkless experimentiert mit einer Vielzahl von Mischtechniken, sei es mit String Gel oder mit Techniken der Fluid-Art, um die Texturen und die Farben in ihren Werken maximal zur Geltung zu bringen. Sie lebt und arbeitet in Perth, Australien, wo sie auch Workshops für künstlerisches Gestalten anbietet.

Leah Bartholomew
leahbartholomew.net

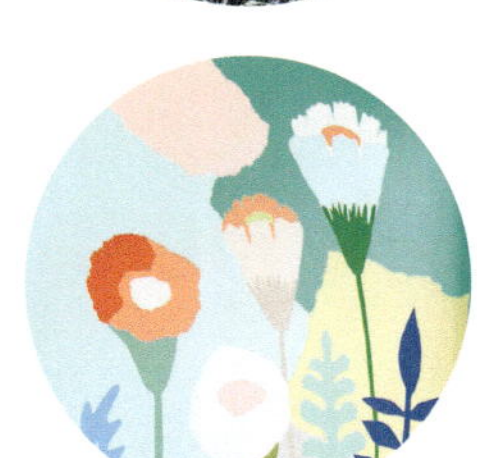

Leah Bartholomew ist eine Künstlerin und Designerin, die sich für ihre hellen abstrakten Werke von der üppigen Landschaft Byron Bays in Australien inspirieren lässt, wo sie auch lebt. Ihre Kunstwerke wurden in etlichen Ausstellungen gezeigt; sie arbeitet mit internationalen Handelsmarken zusammen und kreiert einzigartige Designs in ihrem unverkennbaren Stil.

Charly Baxter
charlybaxter.com

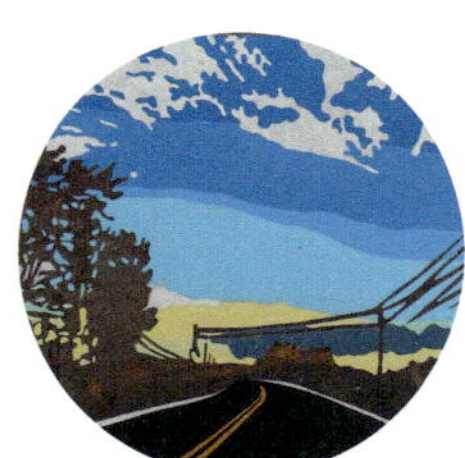

Charly Baxter erwarb ihren Bachelor of Fine Arts (BFA) an der OCAD University in Toronto im Jahr 2016. Bereits seit ihrer Kindheit hat sie eine Leidenschaft für Natur und Kunst. In ihrer Heimatstadt Meaford in Ontario arbeitet sie mit Acrylfarbe auf Metall, um impressionistische Landschaftsbilder zu schaffen, die Bewunderung und Respekt für unsere Erde hervorrufen sollen.

Clair Bremner
clairbremnerart.com

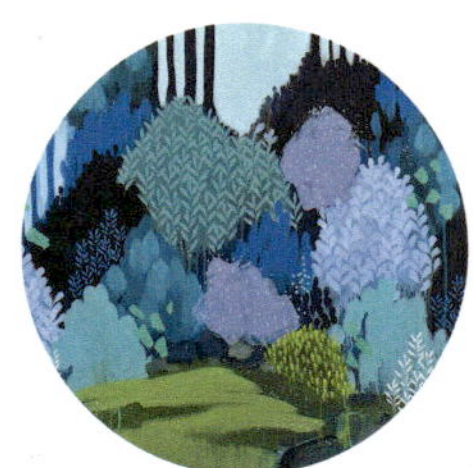

Clair Bremner ist eine zeitgenössische Künstlerin und lebt in Melbourne, Australien. Sie hat sich auf expressionistische, von der Natur inspirierte Landschaftsbilder spezialisiert. Bremner nutzt Farben, Muster und sich wiederholende Formen, um in ihren dekorativen Werken den Eindruck üppig gewachsener Landschaften zu kreieren.

Arthur Brouthers
arthurbrouthers.com

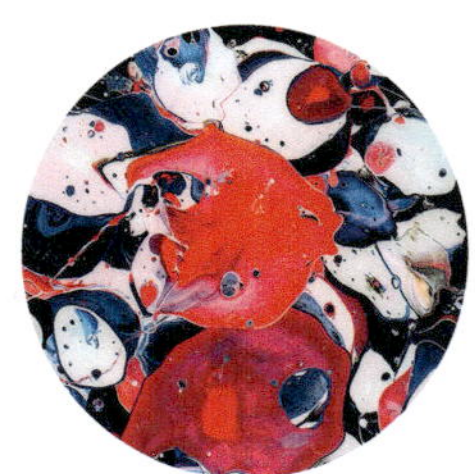

Arthur Brouthers ist Wegbereiter einer abstrakten Fluid-Painting-Technik, die mit Acrylfarben und anderen chemischen Mitteln zellenähnliche Gebilde erzeugt. Arthur arbeitet mit bis zu 15 Schichten klaren Kunstharzes zwischen den Schichten aus Acrylfarbe, pigmentierter Tinte und Sprays, um die Illusion von Tiefe zu suggerieren, wodurch ein 3D-Effekt entsteht. Brouthers lebt und arbeitet in Charlotte, North-Carolina.

Yann Chatelin
yannchatelin.com

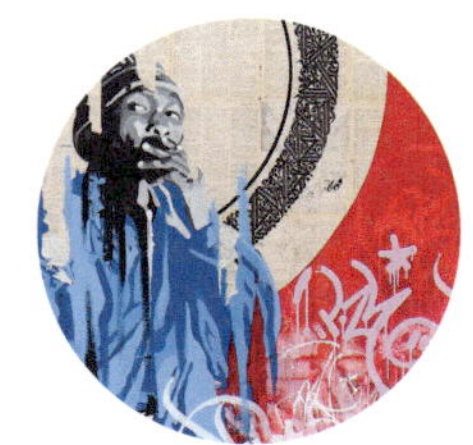

Yann Chatelin ist ein französischer Künstler, er lebt in Casablanca. Seine Porträts setzen sich mit der Gebrechlichkeit des Menschen und - bedingt durch die Abhängigkeit von der Technik - dem Verlust der Handschrift auseinander. Chatelins Werk ist stark von seiner Arbeit als ehemaliger Graffiti-Künstler geprägt.

Ian Davenport
iandavenportstudio.com

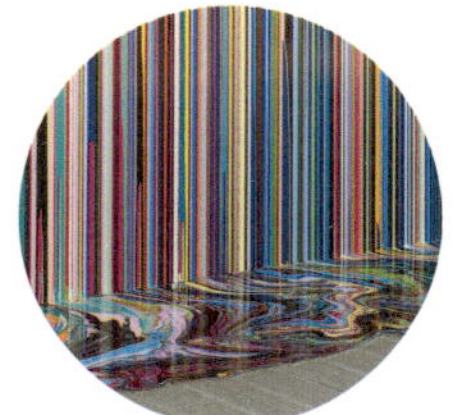

Der britische Künstler Ian Davenport machte 1988 seinen Abschluss am Goldsmiths College of Art in London und wurde kurz darauf für den Turner-Preis nominiert, für den er bis heute der jüngste Kandidat aller Zeiten ist. Davenports abstrakte Gemälde sind von seiner Faszination für den Prozess der Malerei und der Druckgrafik geprägt. Seine Arbeiten sind in so renommierten Museen wie der Tate Gallery in London, dem Centre Pompidou in Paris und dem Dallas Museum of Art zu sehen. Ian Davenport lebt und arbeitet in London.

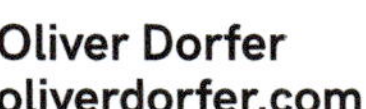

Oliver Dorfer
oliverdorfer.com

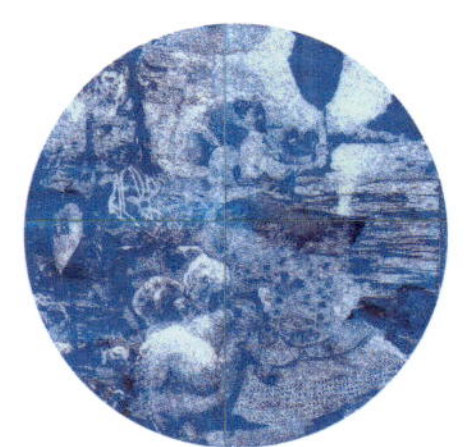

Oliver Dorfer wurde in Linz, Österreich geboren, wo er heute noch lebt. Seine energetischen, faszinierenden Bilder sind voller vielschichtiger Symbole, die unterschiedliche Interpretationen gestatten. Oliver Dorfers Werke wurden in Europa und in den USA ausgestellt.

Joanna Maria Dziedzianowicz
saatchiart.com/jmdziedzianowicz

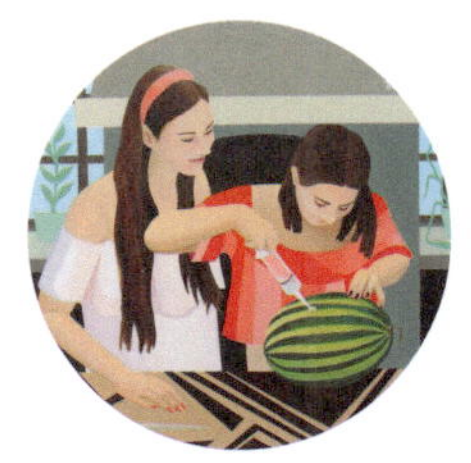

Die Künstlerin Joanna Maria Dziedzianowicz studierte Grafisches Gestalten an der Akademie der Bildenden Künste in Warschau und absolvierte danach ihren Master in Malerei an der Universität von Lissabon. Ihr Werk, das in weiten Teilen Polens und Lissabons ausgestellt wurde, soll unter Beweis stellen, dass der Mensch, ganz gleich, wo er sich gerade aufhält, eine Art der Zugehörigkeit finden kann. Die Künstlerin lebt in Warschau.

Shannon Finley
shannonfinley.com

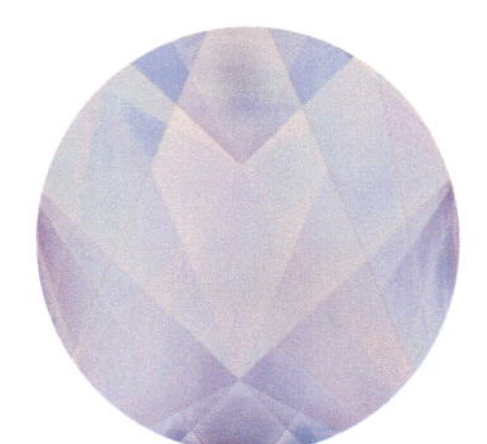

Der in Berlin lebende kanadische Künstler Shannon Finley hat seine Werke in Europa, Kanada und den USA ausgestellt. Seine kraftvollen Arbeiten spiegeln sein starkes Interesse an der geometrischen Abstraktion wider. Finley wird von der Jessica Silverman Gallery in San Francisco, von Carrie Secrist in Chicago und Walter Storms in München vertreten.

Sarah Hardy-Box
sarahhardybox.com

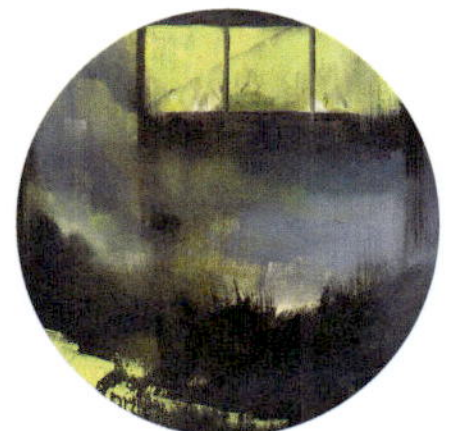

Die britische Künstlerin und Fotografin Sarah Hardy-Box erlangte ihren BFA an der University of Leeds. Ihr expressives und manchmal abstraktes Werk beschäftigt sich mit Erinnerungen, Orten und Erfahrungen. Sie lebt und arbeitet in Leeds, England.

Dan Henderson
d10henderson@outlook.com

Dan Henderson ist ein Jazz-Bassist, dessen abstrakte Werke so gestaltet sind wie der Jazz, den er spielt. Ein solch formfreies Vorgehen resultiert in Kunstwerken, die, wie die Jazzmusik, einer unverhofften Quelle entspringen.

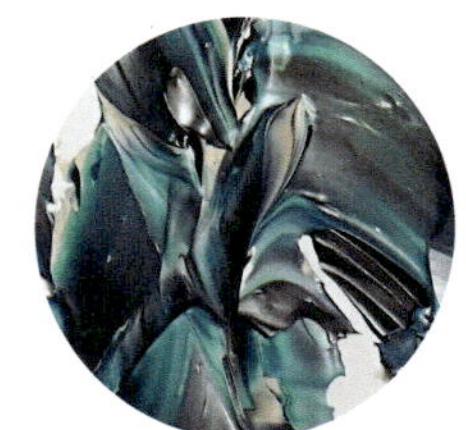

Dan Huston
danhuston.com

Dan Huston lebt als Künstler in Brooklyn, New York. Während seines Studiums der Studio Art am Bates College in Maine verbrachte er ein Auslandssemester an der Gadai-Universität in Hirakata in Japan. Diese Erfahrung gab ihm die Möglichkeit, in die Kunstgeschichte Japans und in die traditionelle Tuschmalerei einzutauchen.

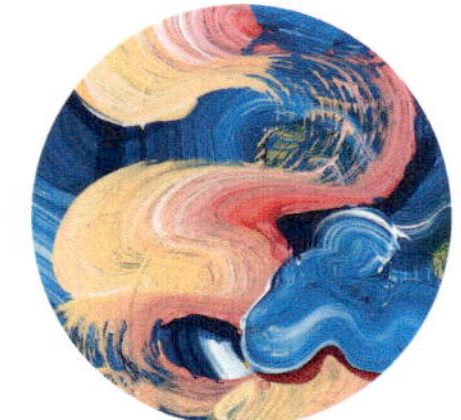

Evan Jones
evanjonesartist.com

Evan Jones ist Maler und ein interdisziplinär arbeitender Künstler aus North-Carolina. Er absolvierte seinen BFA am Savannah College of Art and Design, und sein Werk wurde in New York, Los Angeles und Georgia ausgestellt. Zurzeit lebt er in Atlanta, Georgia.

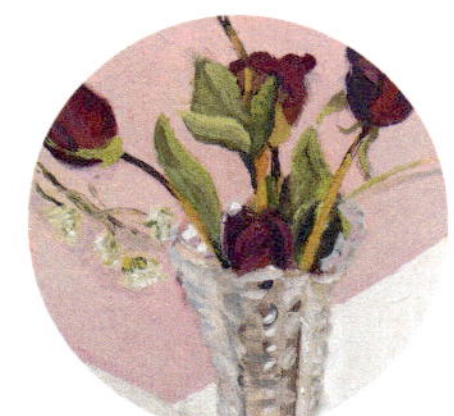

Dominic Joyce
dominicjoyce.co.uk

Dominic Joyce ist ein Künstler und Designer, dessen Bilder, Interior- und Produktdesigns von der Pop-Art, von Modezeichnungen und von den Graffiti der Street-Art inspiriert sind. Joyce hat eine Langzeitausstellung im 1000 Lakeside North Harbour in Portsmouth. Seine Arbeiten sind über seine Website, Saatchiart und Society6, erhältlich. Er lebt und arbeitet in Hampshire, England.

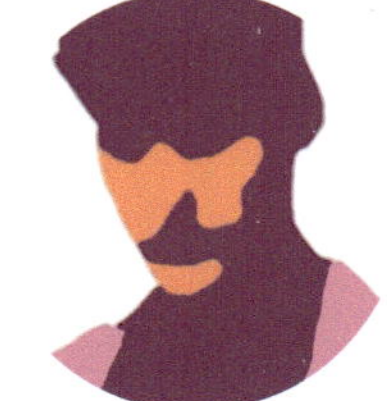

Hannah Klaus Hunter
hannahklaushunterarts.com

Hannah ist eine Künstlerin, die sich der Botanik verschrieben hat und auf Whidbey Island, Washington, lebt. Dort lässt sie sich von der Gegend, den Bäumen, den Pflanzen und den Blättern für ihre Monoprint-Collagen inspirieren. Ihr Arbeiten finden sich in verschiedenen öffentlichen Sammlungen, darunter der New York University, der University of Carolina, Davis College, und des Kaiser Hospitals sowie auf ihrer Website.

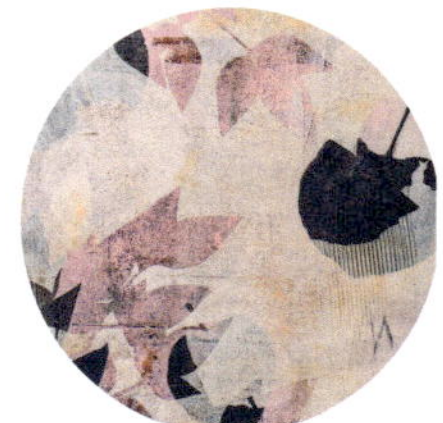

Lori Larusso
lorilarusso.com

Lori Larusso erwarb einen Masterabschluss der Bildenden Kunst am Maryland Institute College of Art und lebt heute in Kentucky. In ihrer Malerei beschäftigt sie sich mit Themen des bürgerlichen häuslichen Lebens und mit stereotypischen Szenen des amerikanischen Mittleren Westens. Larussos Arbeiten wurden international ausgestellt.

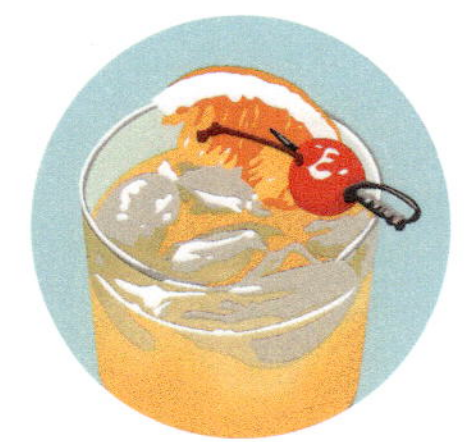

Jemma Lewis
jemmamarbling.com

Jemma Lewis Marbling & Design ist eine Werkstätte und ein Designstudio im englischen Wiltshire, das ein umfassendes Sortiment an handmarmorierten Papieren produziert: von eigenen Entwürfen bis hin zu maßgeschneiderten Aufträgen für Buchbinder, Verlage, Designer und Restauratoren.

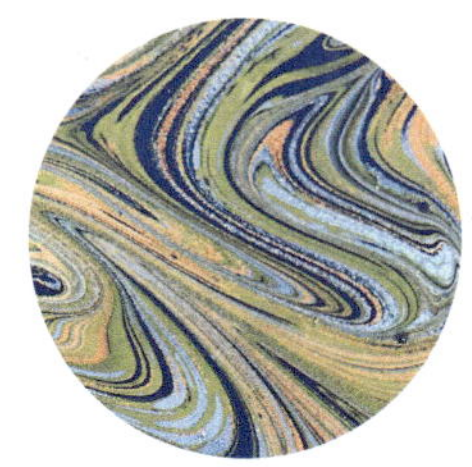

Sherry Loehr
sherryloehr.com

Sherry Loehr lässt sich für ihre Kunst von der Natur inspirieren: von Obst, Blumen, Blättern und Vögeln. Ihre Stillleben und Naturszenen konzentrieren sich oft auf eine bestimmte Farbnuance, Textur oder Stimmung. Loehrs Arbeiten wurden in vielen Publikationen abgebildet, darunter *American Art Collector*, *Southwest Art* und dem *Acrylic Artist Magazine*. Sie lebt und arbeitet in Ojai, Kalifornien.

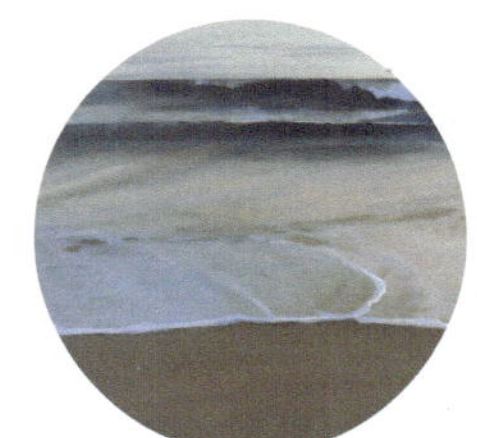

Kathryn Macnaughton
kathrynmacnaughton.com

In Toronto geboren, wo sie heute auch lebt, studierte Kathryn Macnaughton Illustration an der OACD University. Ihre abstrakten Gemälde sind inspiriert von Collagen, Vintage-Paletten und digitalen Illustrationen und wurden in Großbritannien, Kanada und den USA ausgestellt. Macnaughton hat mit Bailey Nelson, Nordstrom und dem Gardiner Museum in Toronto zusammengearbeitet.

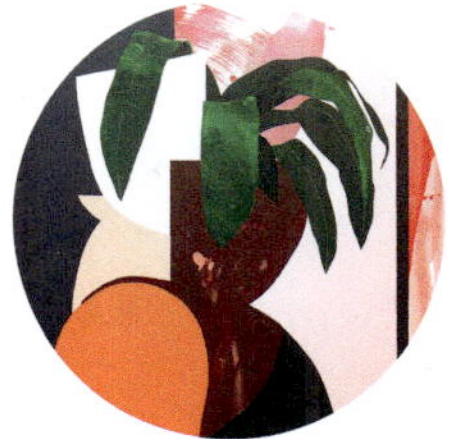

Marta Marcé
martamarce.com

Marta Marcé ist eine in Katalonien geborene, in London und Berlin lebende Künstlerin, die ihren Masterabschluss am Royal College of Art in London absolvierte. Für Marcé ist die Malerei eine Sprache, die die menschliche Verfassung sowie unser Vermögen, vom Leben inspiriert zu werden und es künstlerisch auszudrücken, widerspiegelt. Von daher füllt sie jedes ihrer Werke mit immenser Energie, die lebendig und voller Menschlichkeit ist. Ihre Arbeiten werden international ausgestellt.

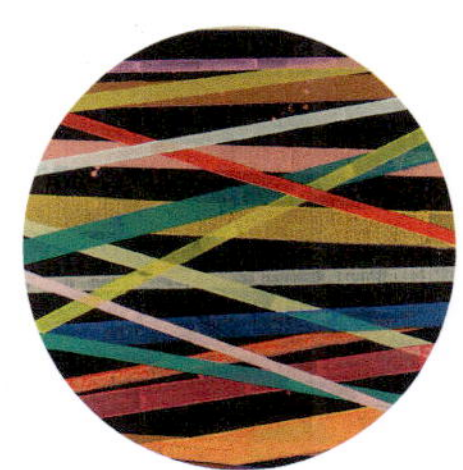

Mando Marie
Seeyouthroughit.com

Mando Marie ist eine in Amerika geborene Künstlerin, die zurzeit in Amsterdam und Portugal lebt und arbeitet. Sie erschafft eine klar erkennbare, auf Schablonen basierende Bilderwelt, und zwar im Ausmaß von Wandgemälden und Galerieformaten. Maries reiche, ständig sich erweiternde Bildsprache konzentriert sich auf Kinder an der Schwelle zum Erwachsensein sowie auf totemische Zeichen, verankert in malerischen Kompositionen. Sie verwendet den Spitznamen „See you through it" auf der Straße und im Internet.

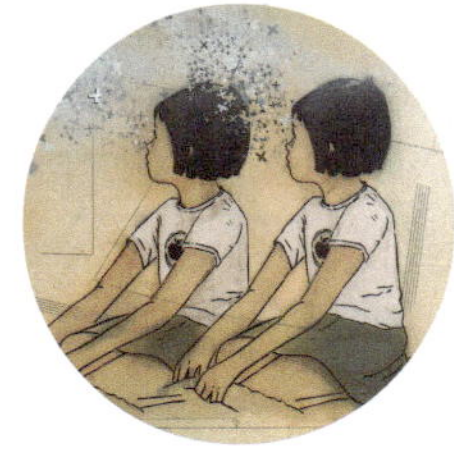

Elise Morris
elisemorris.net

Elise Morris erwarb einen BA in Malerei und Druckgrafik an der University of California in Santa Cruz. In ihren Werken versucht sie, den Blickwinkel der Natur zu erforschen und hält flüchtige Momente des Wachstums und der Veränderung fest. Ihre Werke wurden oft ausgestellt und befinden sich in Firmen- und Privatsammlungen in den USA und anderen Ländern der Welt. Morris lebt in North-Carolina.

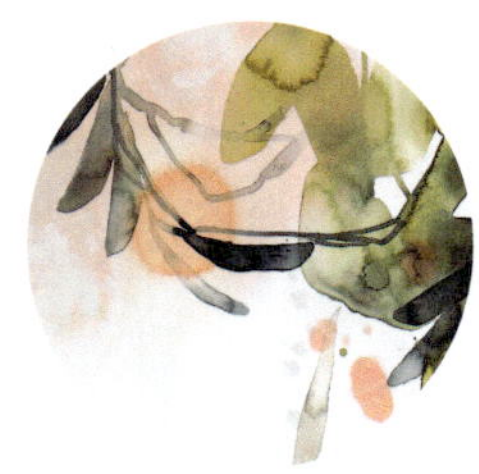

Paul Norwood
paulnorwood.com

Der in Maine geborene Künstler Paul Norwood erlangte seinen BFA an der Syracuse University, bevor er Art Director und Creative Director wurde. Heute ist er ein hauptberuflicher Maler, dessen Werke in ganz Nordamerika gezeigt werden, von Boston bis San Francisco. Norwood pendelt zwischen seinen Ateliers auf Martha's Vineyard und in Mill Valley, Kalifornien, hin und her.

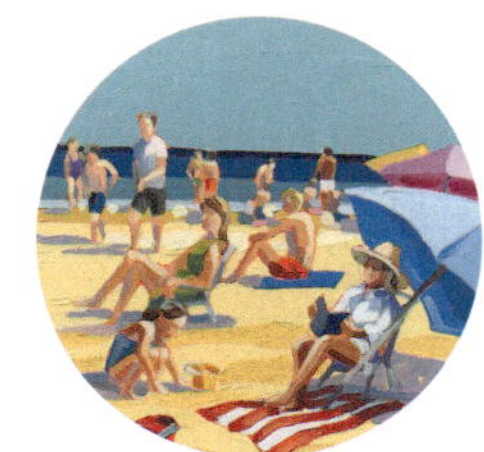

Jesús Perea
jesusperea.com

Der spanische Künstler Jesús Perea studierte Bildende Kunst an der Universidad Complutense de Madrid, wo er noch heute lebt. Pereas abstrakte Arbeiten spiegeln sein Interesse an Geometrie, Architektur und einfachen Formen wider, sodass er das Zusammenspiel zwischen dem Rationalen und dem Unerwarteten erforschen kann. Seine Werke wurden in Deutschland, Spanien, den Niederlanden und Großbritannien gezeigt.

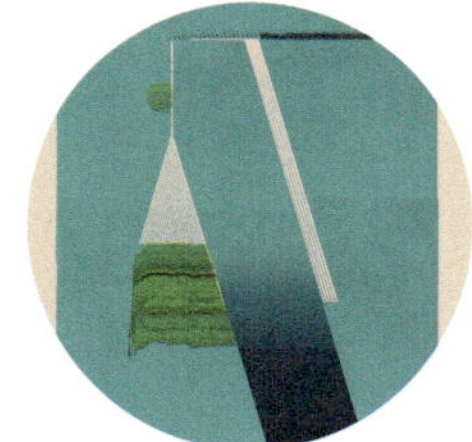

Annemarie Ridderhof
annemarieridderhof.nl

Annemarie Ridderhof hat eine große Vorliebe für Fluid-Art, und ihre Techniken und Tipps teilt sie mit anderen Interessierten sowohl auf ihrem YouTube-Channel, der über 130.000 Follower hat, als auch auf ihrer Website. Sie lebt in den Niederlanden.

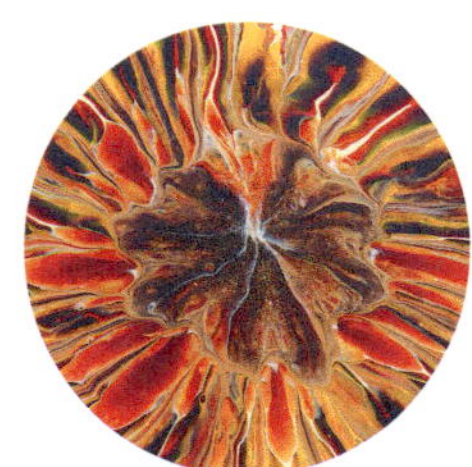

Glen Rubsamen
glenrubsamen.com

Glen Rubsamen wurde in Los Angeles, Kalifornien, geboren und studierte an der UCLA, wo er seinen Master in Bildender Kunst erwarb. Vorwiegend mit Acrylfarbe arbeitend, versucht er die Stadt Los Angeles bildlich zu dokumentieren, eine Landschaft, die in großem Maße vom Menschen geformt wurde. In den vergangenen Jahren wurden seine Arbeiten in München, Straßburg, Taipeh und den Niederlanden gezeigt. Rubsamen lebt und arbeitet in Los Angeles und Düsseldorf.

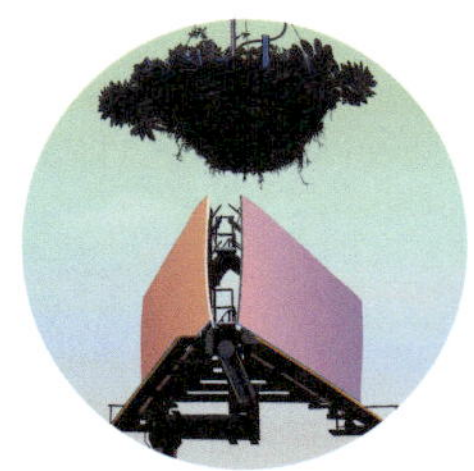

Lena Schmidt
lenaschmidt.com

Lena Schmidt studierte Bildende Kunst an der HFBK Hamburg und studiert zurzeit Kommunikationsdesign am Design Department der HAW Hamburg. Schmidts Arbeiten wurden in Deutschland, den USA und Großbritannien ausgestellt. Sie lebt und arbeitet in Hamburg.

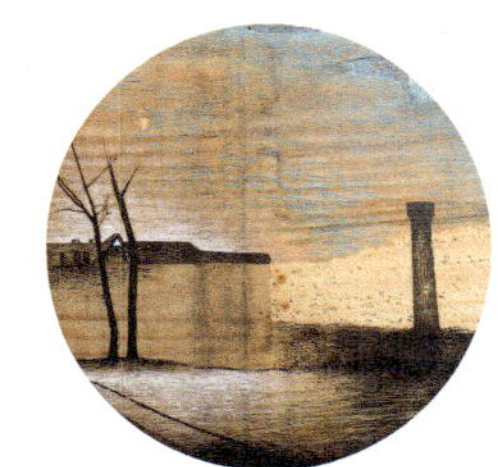

Ang Tsherin Sherpa
tsherinsherpa.com

Ang Tsherin Sherpa wurde in Kathmandu, Nepal, geboren, wo er bei seinem Vater, Meister Urgen Dorke, traditionelle tibetische Thangka-Malerei studierte. Heute lebt Sherpa in Kalifornien und beschäftigt sich weiterhin mit tantrischen Motiven, Symbolen, Farben und Gebärden, aber alles innerhalb zeitgenössischer Kompositionen, die die Vergangenheit mit der Gegenwart verschmelzen. Seine Arbeiten werden regelmäßig in Europa, Asien und den USA gezeigt.

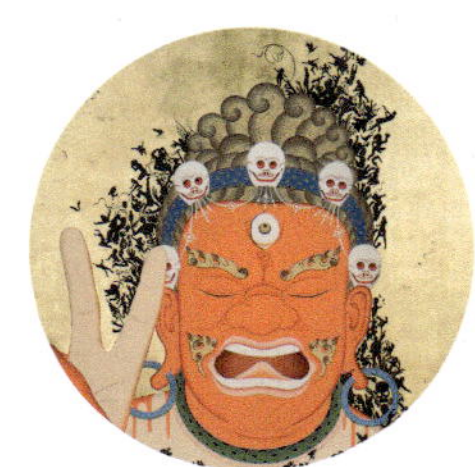

Jean Smith
jeansmithpainter.wordpress.com

Jean Smith ist eine in Vancouver lebende Malerin, Schriftstellerin und Sängerin. Ihre zeitgenössischen Porträts, die auf Fotografien beruhen, handeln von vielschichtigen Emotionen im Zusammenhang mit Feminismus und Antikapitalismus. Die „11 x 14-Zoll-Serie" verkauft sie für 100 US-Dollar auf Facebook, um ihre Arbeiten anderen Menschen zugänglicher zu machen. Einnahmen, die ihre monatlichen Ausgaben überschreiten, gehen an die Eröffnung der Free Artist Residency for Progressive Social Change vor der Westküste Kanadas.

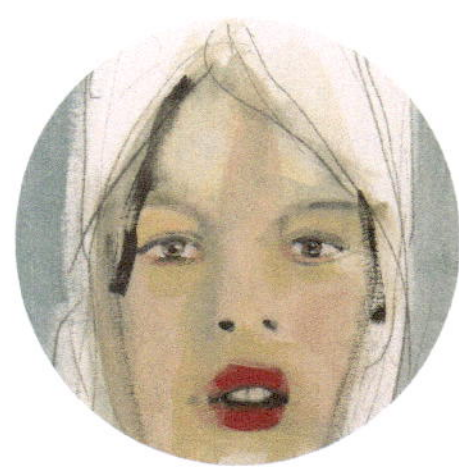

Claire Tabouret
clairetabouret.com

Die figurative Malerin und Bildhauerin Claire Tabouret wurde im französischen Pertuis geboren und lebt heute in Los Angeles. In ihren Arbeiten erforscht sie die Kindheit und ihre Mysterien, zusammen mit dem Individuum, ob vereinzelt oder als Teil einer Gruppe. Ihre Werke wurden in zahlreichen Einzelausstellungen in Europa, China und den USA gezeigt.

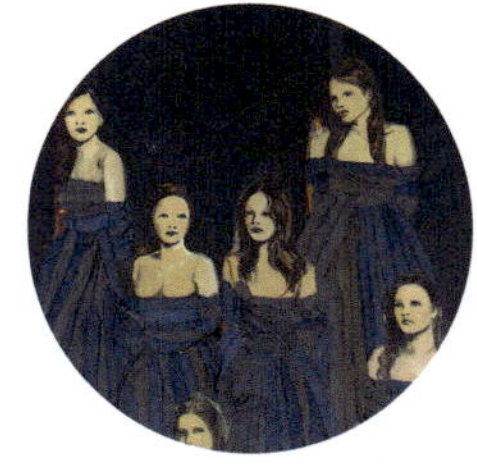

Sarah Winkler
sarahwinkler.com

Die in Großbritannien geborene Künstlerin Sarah Winkler studierte Kunst- und Geowissenschaften an der William Paterson University, New Jersey, und kombiniert beide Fächer in ihrem Werk. Winkler lebt und arbeitet heute in Colorado, einer Landschaft, die oft in ihren großformatigen Wüsten- und Berggemälden vorkommt. Ihre Arbeiten befinden sich in vielen privaten, öffentlichen und Firmensammlungen und werden durch Galerien vertreten und auf großen Kunstmessen gezeigt.

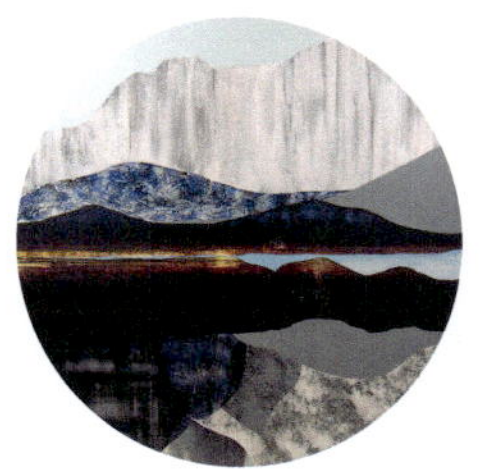

GLOSSAR

Abdunkelung Eine vergleichsweise dunklere Farbe, die entsteht, indem man einer helleren Farbe Schwarz beimischt.

Abstrakte Kunst Eine Bildsprache, die Vorstellungen und Empfindungen durch Formen, Linien, und Farben zu vermitteln versucht, statt die sichtbare Wirklichkeit detailgetreu wiederzugeben.

Anlegemilch Ein Spezialkleber zum Auftragen von Blattgold.

Aufhellung Eine vergleichsweise hellere Farbe, die entsteht, indem man einer dunkleren Farbe Weiß beimischt.

Ausbluten Eine künstlerische Technik, bei der dünnflüssige Farbe sich willkürlich verteilt und in die Fasern des ungrundierten Malgrunds einsickert; bezeichnet im Druckereiwesen das Ineinanderlaufen der Farben.

Bristolkarton Ein unbeschichteter, maschinell veredelter Karton mit einer starren und soliden Oberfläche. Bristolkarton ist in der Regel in zwei Ausführungen erhältlich: mit glatter Oberfläche und als Pergamentpapier (Velin), das eine strukturiertere Oberfläche hat.

Claybord Eine stabile Holzfaserplatte mit einer glatten und saugfähigen Oberfläche.

Fächerpinsel Ein dünner, flacher Pinsel mit gebogenen Borsten. Fächerpinsel werden in der Regel benutzt, um Farbübergänge zu kreieren. Sie können aber auch verwendet werden, um viele unterschiedliche Spuren zu hinterlassen.

Farbton Beschreibt die Farben des Farbspektrums - Rot, Blau, Gelb usw. In der Malerei wird der Begriff „Farbton" jedoch auch verwendet, um bestimmte Farben zu bezeichnen und ihre Farbtemperatur anzugeben.

Farbwalze Ein Handroller mit Gummibezug, der normalerweise in der Drucktechnik und bei der Herstellung von Druckgrafiken Verwendung findet.

Farbwert Gibt an, wie hell oder dunkel eine Farbe ist.

Figurative Malerei Eine Form der modernen Kunst, die die Gegenstände und Dinge der realen Welt darstellt.

Filbertpinsel Ein vielseitiger Flachpinsel mit oval zulaufendem Pinselkopf, der sich gut für Farbübergänge, Lavierungen und die Gestaltung weicher, abgerundeter Ränder eignet.

Gelli-Druckplatte Eine strapazierfähige und wiederverwendbare Druckplatte zur Herstellung von Monodrucken. Gelli-Platten sehen aus und fühlen sich an wie Gelatine.

Gesso Eine weiße Farbmischung zur Vorbereitung einer Leinwand, um Farbe aufzunehmen, damit sie bemalt werden kann - ohne diese Grundierung würde die Farbe lediglich in das Gewebe der Leinwand einsickern. Gesso ist auch in Schwarz oder gefärbt erhältlich.

g/m² Die Stärke des Papiers wird in Gramm pro Quadratmeter (seltener: Pfund pro Ries) angegeben.

Heavy-Body-Acrylfarbe Eine Acrylfarbe mit dicker Konsistenz, sodass die Spuren des Pinsels und des Malmessers deutlich sichtbar bleiben.

Impasto Eine Maltechnik, bei der dicke Farbschichten auf eine Leinwand oder eine Holzplatte aufgetragen werden, um stark strukturierte Bereiche zu schaffen, die sich reliefartig vom Malgrund absetzen.

Kaltnadel Ein Werkzeug mit einer gehärteten Spitze, das in der Druckgrafik verwendet wird, um in die Oberfläche der Farbe zu kratzen und die darunterliegende Farbe zum Vorschein zu bringen. Eine Kaltnadel ist vor allem für die Sgraffito-Technik sehr nützlich.

Kontaktpapier Ein selbstklebendes Papier, aus dem sich Schablonen und Masken anfertigen lassen, sodass bestimmte Bereiche eines Kunstwerks vor Farbe geschützt werden.

Kreuzschraffur Eine Zeichentechnik, bei der feine parallele Linien dicht an dicht nebeneinander gezeichnet und mit weiteren parallelen Linien kreuzweise überlagert werden. Diese Technik dient dazu, die Illusion von Schattierungen oder Texturen zu erzeugen.

Lösung Eine Mischung, in der ein Feststoff oder ein Material aufgelöst wurde.

Lösungsmittel Ein Mittel, das andere Flüssigkeiten und Materialien auflöst, sodass eine Lösung entsteht.

Marmorierung Beschreibt ein Verfahren, bei der Pigmente und Farbstoffe - in der Regel - auf einem Wasserbett treiben und dann auf Papier übertragen werden. Die Spuren und Muster, die die Tinten und Farben hinterlassen, erinnern oft an die Strukturen, die typisch für Marmor und andere Gesteinsarten sind.

Medium Beschreibt einerseits die verschiedenen Kunstformen wie Bildhauerei und Malerei, andererseits die Materialien und Mittel, mit denen ein Kunstwerk gestaltet wurde, z. B. „Farbe auf Leinwand". Im Zusammenhang mit Acrylfarbe bezeichnen die Medien auch die Additive, die, wenn sie mit Farbe gemischt werden, die Textur, das Gewicht und den Glanz der Farbe verändern.

Negativraum Der Bereich um oder zwischen den Objekten in einem Bild.

Palette Eine dünne Holzplatte bzw. ein Tableau, auf dem die Farben gemischt werden.

Pigment Eine fein pulverisierte Substanz, die Farben und Tinten beigegeben wird, um ihnen Farbe zu verleihen.

Primer Ein Untergrund oder eine Grundierung, die einer Leinwand oder anderen Malgründen genügend Saugfähigkeit verleiht, sodass die Farbe und die Malmittel aufgenommen werden und haften, aber auch geschmeidig und formbar bleiben.

Retarder Verzögert die Trocknungszeit der Acrylfarben.

Sgraffito Eine Technik, bei der die oberste Schicht eines Malgrunds eingekratzt wird, um die darunterliegende Schicht mit einer kontrastierenden Farbe freizulegen.

Soft-Body-Acrylfarbe Eine Acrylfarbe mit einer cremigen Textur, die sich gleichmäßig verteilt und nicht so dickflüssig ist wie Heavy-Body-Acrylfarbe.

Staining Eine in den 1950er Jahren von Kenneth Noland und Morris Louis entwickelte Technik, bei der die ungrundierte Leinwand mit stark verdünnten Acrylfarben förmlich getränkt wird, sodass Farbe und Leinwand eine untrennbare Einheit bilden.

Untergrund (siehe auch Primer) Die Oberfläche, auf der Sie malen; erfordert in der Regel einen „Primer" (Grundierung), der auf die unbearbeitete Leinwand oder auf das Papier aufgetragen wird.

REGISTER

Kursiv gesetzte Seitenzahlen verweisen auf Abbildungen.

BILDNACHWEIS

Sofern nicht anders angegeben, befinden sich alle Bilder im Besitz von Rita Isaac.

4 Arthur Brouthers (arthurbrouthers.com); 8-19 Ida Riveros; 27 Jean Smith; 28 Dominic Joyce; 31 Joanna Maria Dziedzianowicz, mit Dank an die Modelle Joanna Kanigowska und Julia Czamarska; 35 Sherry Loehr; 36 Foto von Sugitra Ganner. Mit freundlicher Genehmigung der Alfonso Artico Gallery, Neapel; 39 Elise Morris; 42 Daniel Huston; 45 Paul Norwood; 47 Dan Henderson; 49 Kathryn Macnaughton; 50 Marta Marcé (www.martamarce.com); 52 Clair Bremner; 63 Jesús Perea; 64 Claire Tabouret. Foto: © bluntbangs.bizs; 67 Hannah Klaus Hunter © 2016; 73 Mando Marie; 77 Yann Chatelin; 79 Mary Arkless; 83 Gemälde von Evan Jones. Instagram@townhouseonmars, website: evanjonesartist.com; 85 Lena Schmidt; 86 Oliver Dorfer; 89 Charly Baxter; 90 Sarah Hardy-Box; 93 Sarah Winkler; 95 Shannon Finley; 97 Aus der Sammlung von Stephen Bolton und James Magruder; mit freundlicher Genehmigung der Künstlerin; 99 Mit freundlicher Genehmigung des Künstlers und der Rossi & Rossi Gallery; 100 Leah Bartholomew für Petite Interior Co., Foto: Vellum Studios; 104-105 Personal Universe (Chroma-Show-Serie, 2017) von Arthur Brouthers; 106 Annemarie Ridderhof; 108 Mit freundlicher Genehmigung des Künstlers und der Waddington Custot Gallery, Foto: Todd White; 110-113 Annemarie Ridderhof; 115 Jemma Lewis Marbling & Design, www.jemmamarbling.com.

DANKSAGUNG

Ein großes Dankeschön an alle, die sich so viel Mühe gegeben haben, dieses Buch zusammenzustellen. Mein Dank geht vor allem an die Künstlerinnen und Künstler, die ihre Arbeiten zur Verfügung gestellt haben und ihr Fachwissen mit mir geteilt haben. An dieser Stelle möchte ich auch allen danken, die mich ermutigt und unterstützt haben, dieses Buch zu schreiben. Das gilt insbesondere für meine Mutter, die mir das einzige Vermächtnis hinterließ, das ich in Ehren halten möchte, nämlich ihrem Beispiel zu folgen. Danken möchte ich auch meinem Vater, der nicht hilfsbereiter hätte sein können, auch wenn es ihm gar nicht bewusst war, sowie meinen Freundinnen, Susana Wessling und Maria Ferreira, ohne die kein Wort in diesem Buch einen Sinn ergäbe.

ÜBER DIE AUTORIN

Rita Isaac ist eine portugiesische Künstlerin, die derzeit in London lebt und arbeitet. Sie studierte Malerei, und ihr künstlerisches Schaffen zeichnet sich durch eine Vielzahl von Materialien und Techniken in der Malerei aus. Isaak vermittelt ihre Fähigkeiten seit einigen Jahren in Workshops und Seminaren in ganz Großbritannien, und ihre Werke wurden international ausgestellt.